出版资助:

1. 江西省社会科学研究"十三五"规划项目"开放悖论下的开放度影响因素研究"(2016GL23)
2. 赣州市经济社会发展重大研究课题[江西省社会科学研究"十三五"(2017)地区规划项目]"赣州高铁经济带建设研究"(2017DQ36)
3. 江西省社会科学"十二五"规划项目(2015GL23)

"互联网+"时代下技术创新开放度影响因素研究

陈红花　著

人民日报出版社

图书在版编目（CIP）数据

"互联网＋"时代下技术创新开放度影响因素研究 /
陈红花著. --北京：人民日报出版社，2017.11
ISBN 978-7-5115-5126-9

Ⅰ．①互… Ⅱ．①陈… Ⅲ．①企业管理—技术革新—
影响因素—研究 Ⅳ．①F273.1

中国版本图书馆 CIP 数据核字（2017）第 294695 号

书　　　名："互联网＋"时代下技术创新开放度影响因素研究
作　　　者：陈红花

出 版 人：董　伟
策　　　划：庞　强　高　栋
责任编辑：孙　祺
封面设计：宋晓璐·贝壳学术

出版发行：人民日报出版社

社　　　址：北京金台西路 2 号
邮政编码：100733
发行热线：(010) 65369527　65369846　65369509　65369510
邮购热线：(010) 65369530　65363527
编辑热线：(010) 65369518
网　　　址：www. peopledailypress. com
经　　　销：新华书店
印　　　刷：天津爱必喜印务有限公司
开　　　本：710mm×1000mm　　1/16
字　　　数：274 千字
印　　　张：14
印　　　次：2018 年 3 月第 1 版　2018 年 3 月第 1 次印刷
书　　　号：ISBN 978-7-5115-5126-9
定　　　价：55.00 元

前　言

在互联网网络全球化发展的背景下，有价值的技术知识广泛分布于产品价值链的每一个网络节点，存在于包括传统的技术研发领域及竞争对手、供应商、用户、网络创客等更大的群体之中，使得企业通过应用开放式创新模式取得较高的创新绩效。中国正在实施国家高度的"互联网＋"战略，将助力中国企业的开放创新达到更好的创新效果。开放式创新模式下，企业通过技术并购、获得技术授权及合作研发等方式更广泛地跨越企业的组织边界，从组织外部获取所需的技术及创意等资源，从而能充分整合企业内部和企业外部的技术创意，不断地发展自身的技术以适应环境的新变化。

在开放创新过程中，涉及的关键问题是：技术创新开放度的科学决策。技术创新开放度是企业开放创新实现的关键切入点和战略点，关系到创新项目的成败和企业创新绩效的高低，因此，企业需要在理论指导下科学实施技术创新开放度决策。然而实证发现，开放式创新模式下的创新开放程度难以把握，开放度过低或过高都会影响企业的创新绩效，寻找适宜的创新开放程度成为企业管理者的现实难题。本书认为首先应了解技术创新开放度受哪些因素影响，从而通过控制影响因素来把握技术创新开放度。

因此，本书将在现有文献的研究基础上，系统分析技术创新开放度的影响因素，并对构建的影响因素模型进行实证检验。这既是对开放创新理论的一个补充，也为企业在技术创新时开放度的选择提供依据及指导。从技术创新开放度的角度，在调研和访谈的基础上，利用企业家理论、开放式创新相关理论、社会资源理论及技术的社会形成理论等，构建了"企业技术创新开放度影响因素"的理论框架模型。然后以中国企业为样本的调查研究，采用结构方程及多元回归分析方法进行理论假设的检验，认为企业开放创新度受企业创新主导者企业家精神、企业外部环境、企业创新能力及企业研发技术特性的影响。

　　本书的局限性为未来提供了研究空间，未来研究中可进一步细化。同时限于时间和水平，文中存在不足之处请读者不吝指出！

目　录

第三部分　研究问题：技术创新开放度影响因素

第四部分　研究设计与数据

第五部分　假设验证及数据分析结果

第六部分　结论与展望

图表目录

第一部分 绪 论

随着经济的快速发展和互联网技术的普及应用,开放式创新模式在企业创新活动中的应用越来越广泛。企业在"互联网＋"战略发展下,借助互联网平台及其带来的海量的创新资源,在全球范围内有效整合创新资源实现持续创新,从更为宽泛的渠道中获取技术知识,以便在越来越激烈的竞争中保持创新优势。

第一章　研究背景

第一节　现实背景

全球经济一体化的发展促进了生产要素、商品及服务在国家与国家之间、企业与企业间的频繁流动，国际上的技术交流活动日益增多。伴随着技术更替迭代的加速，企业的技术创新面临更高的挑战，单个企业自行研发在资源、时间和效率上都不能满足市场需求及竞争需要（Teece，1986）。企业通过和外界不同主体间的协同与合作，获取外部技术创意及信息，实现快速创新的现象越来越普遍。大量的知名企业如思科、宝洁、苹果等通过利用企业外部的创新资源已获得了显著的收益（Chesbrough，2013；Chesbrough，Vanhaverbeke & West，2006；Sakkab，2002；West & Gallagher，2006）。英特尔在创新过程中应用外部资源，包括大学研究赞助、大学周边的开放式合作研究实验室（环境开放、部分研发项目公开）等，每年获取的专利都在增长，至 2005 年，英特尔在全世界获得的专利数量大约为 5000 项。在中国，高铁技术的创新成功也依赖于与世界技术先进的高铁公司的合作，该技术发展前期采用购买的方式获取了日本川崎重工、德国西门子、法国阿尔斯通和加拿大庞巴迪等企业的技术资源，通过工程师们将这些技术与原有的高速列车"长白山"号的技术积累进行整合再造，实现了高铁核心技术的新突破，取得了非常显著的成效。尽管如此，仍有近三分之二的外企高管承认企业在从外部收集创新观点方面仍有潜力可挖，向外部吸收创意等行为蕴藏着巨大商机（Rigby & Zook，2002）。默克公司的生物医学研究仅占世界的 1%，为了利用剩下的 99%，公司必须积极地去联系全世界的高校、研究机构及公司，以寻求最好的技术和有潜力的产品（切萨布鲁夫，范哈佛贝克，韦斯特，2010）。

实际上，从技术发展史中可以看出，任何创新活动都有对他人知识、技术的借鉴和吸收，技术获取、合作开发等模式已经广被企业所采用，用以借鉴、吸收外部资源以进行技术创新。那么，当我们关注导致开放式创新以前所未有的广度及深度铺展开来的推手时，毫无疑问会聚焦于互联网尤其是移动互联网的发展。随着互联网的全球互通及其应用的快速普及，有价值的技术知识不仅仅聚集在科研院所、高校、大型企业的研发部门等少数专业研发领域，也广泛分布于产品价值链的每一个网络节点，存在于包括这些传统的技术研发领域及竞争对手、供应商、用户、网络创客等更大的群体之中（切萨布鲁夫，范哈佛贝克，韦斯特，2010）。大量企业利用互联网平台进行技术创新效果显著。据统计，至 2008 年互联网上的"创新中心（innocentive.com）"，已经发布了 800 余个涉及 40 个学科的科技难题，包括化学、生命科学、计算机科学、清洁技术等领域，吸引了来自美国、俄罗斯等国多达 16500 多名科学家及技术人员参与，其中被破解的难题超过 348 个，难题破解率超过40%，为波音、杜邦等公司解决了依靠自身无法解决的研发难题（惠新宇，何亮坤，2011）。丹麦玩具制造商乐高公司于 2008 年在日本、2011 年在全球推出乐高创意平台（LEGO IDEAS），并成立了乐高 Mindstorm 的交流社群，由乐高、麻省理工和使用者社群共同形成了一个包含供应者、合作伙伴顾问、外围制造商和专家等的完整生态系统。此外，建立了"design by me"的开放式的顾客共创平台，利用群体智慧集结新点子新创作，配合开放式创新的政策与相关的知识产权保护，让每一个人都有可能是产品设计师，从而成功地将产品开发时程由 24 个月缩短至 9 个月，还大大提升了顾客的满意度。中国海尔集团借助其在互联网上设立的开放创新生态系统（HOPE 系统），在"天樽"空调的技术创新中通过与网络参与者之间的持续互动，实现了企业自身空调技术的加速创新。

然而，来自企业的一些经验显示，企业通过向外部获取技术进行创新也会带来负面影响，会产生过度依赖外部所提供的技术的不良后果（Johnsen & Ford，2000），尤其是关键技术的引进会使企业受制于人（陈钰芬，陈劲，2008）。同时，在从外部组织获取资源的过程中不可避免地会产生诸如搜索成本、协调成本、监督成本等交易成本，从而导致企业有限的资源过于分散而影响企业的技术创新绩效（Katila & Ahuja，2002；陈钰芬，陈劲，2008）。令企业棘手的是，通过采取与外部组织进行合作研发的方式来获取技术创意及资源时的"开放悖论（paradox of openness）"现象：即合作中的大量实践带来的知识分享，与超过合作范围的技术的难以保护之间的矛盾（Knudsen，2006；Laursen & Salter，2005)，从而导致自身核心技术外泄的风险增加（Kline，2000，2003；Sapienza，Parhankangas & Autio，2004)。此外，因双方合作失败而带来的风险也会招致企业产生巨额损失（罗炜，唐元虎，2001)。

随着中国"互联网＋"理念的提出，以互联网促进各行业的创新成为时代潮流。"互联网＋"理念最早可以追溯到 2012 年，易观国际董事长兼首席执行官于扬首次提出"互联网＋"理念。他认为在未来，"互联网＋"应该可以"＋各个传统行业及其产品和服务"。2014 年 11 月，李克强总理出席首届世界互联网大会时指出，互联网是大众创业、万众创新的新工具。其中"大众创业、万众创新"正是此次政府工作报告中的重要主题，被称作中国经济提质增效升级的"新引擎"，可见其重要作用。2015 年 3 月，全国两会上马化腾提交了《关于以"互联网＋"为驱动，推进我国经济社会创新发展的建议》的议案，表达了对经济社会创新的建议和看法。马化腾认为中国需要持续以"互联网＋"为驱动，鼓励产业创新、促进跨界融合、惠及社会民生，推动我国经济和社会的创新发展。"互联网＋"利用互联网的平台、信息通信技术把互联网和包括传统行业在内的各行各业结合起来，从而在新领域创造一种新生态，这种生态战略应该上升为国家战略。

2015 年 3 月 5 日上午十二届全国人大三次会议上，李克强总理在政府工作报告中首次提出"互联网＋"行动计划。李克强在政府工作报告中提出，"制定"互联网＋"行动计划，推动移动互联网、云计算、大数据、物联网等与现代制造业结合，促进电子商务、工业互联网和互联网金融（IT-FIN）健康发展，引导互联网企业拓展国际市场。"2015 年 7 月 4 日，经李克强总理签批，国务院印发《关于积极推进"互联网＋"行动的指导意见》（以下简称《指导意见》），这是推动互联网由消费领域向生产领域拓展，加速提升产业发展水平，增强各行业创新能力，构筑经济社会发展新优势和新动能的重要举措。

2015 年 12 月 16 日，第二届世界互联网大会在浙江乌镇开幕。在举行"互联网＋"的论坛上，中国互联网发展基金会联合百度、阿里巴巴、腾讯共同发起倡议，成立"中国互联网＋联盟"。"互联网＋"是创新 2.0 下的互联网发展的新业态，是知识社会创新 2.0 推动下的互联网形态演进及其催生的经济社会发展新形态。"互联网＋"是互联网思维的进一步实践成果，推动经济形态不断地发生演变，从而带动社会经济实体的生命力，为改革、创新、发展提供广阔的网络平台。"互联网＋"意味着"互联网＋各个传统行业"，但这并不是简单的两者相加，而是利用信息通信技术以及互联网平台，让互联网与传统行业进行深度融合，创造新的发展生态。"互联网＋"代表一种新的社会形态，即充分发挥互联网在社会资源配置中的优化和集成作用，将互联网的创新成果深度融合于经济、社会各域之中，提升全社会的创新力和生产力，形成更广泛的以互联网为基础设施和实现工具的经济发展新形态。2015 年 7 月 4 日，国务院印发《国务院关于积极推进"互联网＋"行动的指导意见》。

"互联网＋"下的特征包括：（一）是跨界融合。"互联网＋"意味着以互联网为媒介实施跨界，实施变革，实施开放，敢于融合敢于跨界也敢于协同，从而使得创新的基础更加坚实；群体智能更能实现，使得从研发到产业化的路径更加垂直。（二）是创新驱动。随着中国经济的发展，原来粗放的资源驱动型增长方式早就难以为继，中国经济已由资源要素驱动等转变为创新驱动。利用互联网的特质和优势，求变、求新，才能发挥更加创新的力量促进经济的健康增长。（三）是重塑结构。信息革命、全球化、互联网业已打破了原有的社会结构、经济结构、地缘结构、文化结构。权力、议事规则、话语权不断在发生变化。（四）是尊重人性。人性的光辉是推动科技进步、经济增长、社会进步、文化繁荣的最根本的力量，互联网的力量之强大最根本地来源于对人性的最大限度的尊重、对人体验的敬畏、对人的创造性发挥的重视，例如分享经济。（五）是开放生态。"互联网＋"时代下，生态是非常重要的特征，而生态的本身就是开放的。推进互联网＋，其中一个重要的方向就是要把过去制约创新的环节化解掉，把孤岛式创新连接起来，让研发由人性决定的市场驱动，让创业并努力者有机会实现价值。（六）是连接一切。连接是有层次的，可连接性是有差异的，连接的价值是相差很大的，但是连接一切是"互联网＋"的目标。

因此，在"互联网＋"时代下，企业借助互联网技术及平台，应对日益激烈的竞争环境以及技术创新的非线性的快速发展，通过加强与外部组织的合作来获取更多技术创意及资源，从而弥补自身创新能力不足，加快企业的技术创新步伐。但如何解决在技术创新中享受开放带来的好处的同时，避免因过度开放带来的负面影响将是企业不得不直面的难题。

第二节 理论背景

一、技术创新理论中创新模式的转变

技术创新理论的代表 M·卡曼和 N·施瓦茨将企业进行技术创新的动机分为两类：垄断前景推动的创新以及竞争前景推动的创新，并认为这两种创新驱动使社会上的创新活动持续不断地进行下去。基于资源基础理论，这两类创新动机均依靠企业拥有的独特的异质性资源来实现。企业必须完成从研发人员和研发设备投入、产品设计、生产制造、销售、售后服务及技术支持的所有程序和步骤，并独自承担由技术研发至技术商业化成果转化过程中所有的创新风险。随着知识分工日益精细化，企业所需创新涉及更广泛的知识领域，因而很难拥有进行技术创新所需的全部技术知识和资源来实现创新（Teece，1986；2004）。企业间的技术协作与交流日益增加，企业与供应商、经销商及用户等开展技术上的合作变得普遍（Granstrand, Patel & Pavitt, 1997；Imai, Nonaka & Takeuchi, 1985；Ove Granstrand, 1997；Von Hippel, 1988；2005）。2003 年 Henry Chesbrough 在《开放式创新：进行技术创新并从中获利的新规则》一书中首次提出"开放式创新模式（open innovation model）——"企业有意识地流入和流出知识以加速内部创新，并为外部创新的运用扩大市场"，并把此前的完全依赖自身能力进行创新的模式归纳为"封闭式创新模式（closed innovation model）"（Chesbrough，2003）。作为创新的新范式，开放式创新相对于传统的封闭式创新模式的最突出的特点就是企业能够充分利用包括技术和市场信息在内的外部创新资源（陈钰芬，陈劲，2008）。总之，开放式创新模式以其具有的缩短创新时间、提高创新效率、降低创新风险等优势，从而获得更多创新效益的优点，受到了国内外众多学者的深入研究。

然而，有学者提出开放式创新已完全融入到企业的技术管理当中，已经不存在不与外部组织发生技术或商业合作的企业（Huizingh，2011），因而开放式创新并不具有应用价值，也不能作为一种新的创新模式（Dahlander & Gann, 2010；Pénin, 2008）。尽管如此，开放式创新已经逐渐成为一个重要的研究领域（Hsin−Ning Su & Pei−Chun Lee, 2012），无论从理论上还是在实践中依然代表了企业技术创新的新方向，国内外关于开放式创新的理

论研究也呈现迅速增长的态势，对开放式创新的理论分析框架也逐渐丰富和深化，内容包括开放式模式的概念、特点、对企业创新的意义以及对创新绩效的影响等。随着互联网对人们工作和生活方式影响的逐步深化，基于互联网的技术外包、技术众包等模式拉近了企业在技术创新中与网络参与者的距离（惠新宇，何亮坤，2011）。

二、开放式创新模式下最佳开放度的讨论

伴随着开放创新理论研究的深入，有关技术创新开放度的研究得到学者们的关注。开放度（Openness）的研究最早来自于 Laursen 和 Salter 的定义，他们首次从定量的角度定义技术创新开放度是"用于创新活动的外部知识资源的数量"，此后进一步细化了对技术创新开放度的测量，认为技术创新开放度由开放广度和开放深度构成，其中开放广度是指企业获取创新资源的渠道数量，开放深度是指从不同渠道汲取创意的深度（Laursen & Salter，2006）。此外，Chesbrough 和 Crowther 等人在研究中探讨了开放式创新的强度，但并没有对创新开放强度做出深入的可操作性定义（Chesbrough & Crowther，2006；van de Vrande & de Man，2011）。此后学者们的研究中对开放度的定义各有不同，如对外部资源的依存程度、和对外部创新参与者的依赖程度等（Dahlander & Gann，2010；游达明，孙洁，2008），在技术创新开放度的度量方面，曹勇和李扬（2011）认为目前研究中存在技术创新开放度的度量范围远远小于其概念界定范围的情况，度量的单一性和不充分性也造成度量上存在偏差。

在技术创新开放度与创新绩效的关系研究方面，Laursen 和 Salter（2006）利用来自对英国 2700 多家企业的数据证实，企业技术创新开放度与创新绩效的曲线关系符合倒 U 型特征，即企业技术创新开放度过低会影响企业的创新绩效，但开放度过高也会负面影响企业的创新绩效。随后中国学者陈钰芬和陈劲（2008）将企业划分为科技驱动型及经验驱动型两类，证实了我国科技驱动型企业的技术创新开放度与创新绩效的关系符合倒 U 型关系。由此，引发了开放式创新模式下是否存在"最佳开放度"的讨论（Knudsen，2006；切萨布鲁夫，范哈佛贝克，韦斯特，2010；吴波，2011）。然而，由于对企业关于技术创新开放度的决策的影响因素研究还不够深入，从而对最佳开放度的基础定义并不能很好理解（Knudsen，2006）。可见，在当前开放式创新理论研究中有关技术创新开放度的探索还有待深入。

第二章 研究意义

本书通过聚焦技术创新开放度，深入剖析在开放创新过程中，影响企业从外部环境和渠道中获取技术资源的因素，不仅是开放创新理论研究发展的需要，还是帮助企业正确把握技术创新开放度，促进企业创新绩效的提升的管理实践的需要。

第一节 理论意义

本书对开放式创新模式下，企业技术创新开放度的影响因素进行了深入的研究，充实和拓展了开放创新理论体系。具体来说，主要有以下几个方面的理论意义。

一、进一步夯实了开放创新理论

尽管开放式创新模式已经成为创新管理理论领域的一大热点，但实践中企业如何通过对开放度的把控加强对创新开放的管理，还是一个待解的问题。有关技术创新开放度的理论研究还处于探索发展阶段。本书在众多学者研究成果的基础上，定义了技术创新开放度的概念及内涵，并对其测量量表进行了总结、归纳及修正。对技术创新开放度的影响因素进行了较为全面的探讨，是对技术创新开放度理论研究的拓展，也是对开放创新理论从抽象到具体的一种有意义的尝试。

二、扩展了社会资源理论及企业创新能力理论

本书将企业的技术创新网络扩展到以企业为结构洞中心位置向外辐射的全球互联网，即互联网就是企业的资源库，企业可以借助互联网的低成本高效率的特点从中获取所需的技术创意及资源，并将积极参与企业技术创新的

网络参与者视为企业的社会资源，从而拓宽了企业的可用资源的范围，更有利于企业技术开放创新的实现。此外，本书从技术创新软、硬能力两方面对企业的技术创新能力进行分类，在此基础上将技术创新硬能力细分为研发人员及设备的投入、技术知识积累，将技术创新软能力细分为技术协同能力及组织创新的能力，能够较大程度上反映企业在开放创新模式下应具备的成功创造新知识和有效应用新知识的能力，是对企业创新能力分类的一个有益尝试。

三、为开放式创新理论的研究提供实证支持

此前的技术创新开放度影响因素研究中，采用的是理论推导及案例分析，应用数理统计来验证推导模型方面还存在空白。自开放式创新模式进入中国以来，很多领域的企业在实践过程中有许多有益的探索，这些探索值得进行深入地归纳总结，并上升到理论层面，为其他企业进一步的应用提供借鉴。本书通过规范研究和实证研究相结合的方法，通过收集中国 203 家企业的相关数据，验证了技术创新开放度及各影响因素构成的有效性，及技术创新开放度影响因素模型的解释程度，为企业开放创新的理论研究提供实证支持。

第二节　实践意义

本书以技术创新开放度的视角，实证研究了中国本土情境下企业的开放创新。在研究基础上提出合理化建议，将对企业的经营管理实践具有以下几个方面的意义。

一、合理调控技术创新开放度

本书对影响技术创新开放度的因素进行了梳理和归纳，通过对正向、负向影响开放度的因素的深入剖析，帮助企业有针对性地进行调控。企业可以通过对正向影响开放度的因素（如与互联网用户交互性、技术可显性等），进行强化管理以提升开放度给企业带来高的创新绩效；对负向影响开放度的因素（如互联网交易风险性等），则可以采取措施提前防范，从而避免或减少因开放过度而带来对创新绩效的负面影响。

二、重视对创新技术特性的分析

本书从技术的生命周期理论及交易成本理论出发，论述了技术特性对技术创新开放度的影响。企业进行创新时应在充分了解其创新技术所处的发展阶段的基础上，分析企业适宜采取的开放广度及开放深度，同时加强对核心技术的保护，并增强其可模块化程度以防（或降低）技术外泄带来的损失。

三、正确评估及提升自身技术创新能力

企业的技术创新活动的实现依赖于企业对内部创新资源的合理配置，也依赖于企业对获取的外部创意及信息的高效使用。本书中对企业技术创新能力和开放度的关系分析，将促使企业在技术创新软、硬能力上合理配置资源，在充分评估自身具备的技术创新能力的基础上，采取合适的技术创新开放度。

第三章 研究内容及研究方法

第一节 研究内容

本书在文献阅读、整理及归纳的基础上，主要的研究内容包括以下方面：明确界定技术创新开放度的概念及内涵；提炼技术创新开放度的影响因素及维度构成；实证检验企业外部环境、技术特性及技术创新能力各维度对企业技术创新开放度的影响关系，并探讨其对技术创新开放度的影响方向及影响程度，具体如下：

一、基于开放式创新相关理论，对技术创新开放度的概念及内涵进行界定，明晰创新开放广度及深度的度量指标。以往研究中对技术创新开放度的定义各有侧重，开放广度及深度的度量范围小于概念界定范围及度量存在偏差。本书借鉴了以前学者的大量的研究成果，运用开放式创新的相关研究理论来分析技术创新开放度问题，并界定其概念、内涵和操作化定义。

二、从影响企业决策的内、外部因素出发，探讨技术创新开放度的影响因素。以往关于技术创新开放度的影响因素研究中主要涉及企业吸收能力及知识的专属性，对技术创新开放度的影响因素的剖析还不够充分。本书依据社会资源理论、技术的生命周期理论、交易成本理论及资源基础理论等，结合对企业创新中开放带来的正效应和负效应的分析，从影响企业开放度决策的外部环境、企业创新技术特性及企业内部的技术创新能力角度，展开对技术创新开放度的影响因素研究。

三、建立技术创新开放度的影响因素模型。以技术开放度为解释变量，企业外部环境、技术特性及企业技术创新能力为被解释变量，建立理论概念模型并设定假设，收集中国企业的相关数据进行相应的实证检验，探讨各影响因素对技术开放度的影响方向及影响程度，以期揭示出企业开放创新中的各影响因素对技术创新开放度的作用机制。

第二节　研究方法

　　文献研究法：通过如 Elsevier、Emerald、Web of Science、Ebsco 等数据库以及中国知网（China National Knowledge Infrastructure）、万方数据系统、维普期刊等不同的渠道获取与本书相关的信息，同时利用互联网的网络搜索引擎工具，如谷歌学术（Google Scholar）、维基（WIKI）百科、百度百科等围绕开放式创新模式、技术创新开放度、技术知识保护、技术特性、创新能力等关键词及内容，对涉及与本书问题及内容存在相关的理论及文献资料，追根溯源和详细阅读。基于多次反复的查询和对文献的仔细研究，整理、总结和归纳与本书问题及内容相关的现有成果，掌握其研究范畴、研究方法以及研究的最新进展，在此基础上提出本书的概念、研究模型和研究假设。此外，本书的问卷设计也是尽量吸收和援引以前学者广泛使用过以及被验证过的经典量表，考虑时代发展的特征，围绕本书的研究问题，进行必要的修订和完善。

　　实证研究方法：本书基于现有的文献资料研究以及相关理论分析，提出研究模型和研究假设，通过问卷调查方法收集研究数据，采用数理统计方法进行实证检验。问卷调查收集数据的过程包括问卷量表的设计，问卷量表预测试及修正，正式调查，以及对问卷收集的数据分析与统计。采用的数据分析方法包括使用 SPSS19.0 软件包进行描述性统计分析、探索性因子分析、各变量因素的相关分析及回归分析，使用 AMOS21.0 软件包进行验证性因子分析等。

第四章　结构安排与技术路径

第一节　结构安排

　　基于对与本书相关的国内外的文献资料进行系统的梳理和归纳，结合中国企业的实际情况，并围绕本书的核心命题，提出本书的概念模型以及研究假设。本书遵循规范性的研究方法，并采用企业数据对所提出的研究假设进行验证，对数据统计处理的结果进行分析和讨论，得出企业外部环境、技术特性及技术创新能力各因素与技术创新开放度关系的相应结论，最后，指出本书的不足之处及未来的研究方向。全书由 6 部分组成共 25 章，第 1 部分为绪论，提出研究命题及研究思路。第 2－3 部分为理论构建，为实证研究打下理论基础。第 4－5 部分为实证研究及结果分析，第 6 部分为结论及展望。各部分主要内容如下。

　　第 1 部分，绪论。本部分内容中首先论述了本书的选题背景，其次对研究的理论意义和实践意义进行了阐述，并指出了本书的内容和主要方法，最后指出了本书的研究流程及技术路线，勾勒出整体框架。

　　第 2 部分，相关理论及文献综述。重点回顾开放式创新的相关理论、技术的社会形成理论、技术的生命周期理论、资源基础理论、交易成本理论及企业家理论、社会资源等理论，查阅并梳理了中外学者多年来在开放式创新、技术创新开放度等方面的研究成果，为本书的研究提供理论铺垫。

　　第 3 部分，首先界定了开放式创新模式及技术创新开放度的概念内涵，其次，分析开放创新过程中因开放带来的正效应、负效应，从而提出本书的研究问题：开放创新模式下技术创新开放度的影响因素研究。最后依据企业家理论、企业家精神内涵、社会资源理论、资源基础理论等，提炼出技术创新开放度的影响因素，包括企业家精神、企业外部环境、技术特性及技术创新能力。

第4部分，介绍研究中所涉及的变量的操作性定义及使用的测量方法。针对本书采用的问卷调查方法，说明数据收集的过程，包括样本选择、问卷设计以及调查设施流程，并简要交待了验证假设所需要的统计分析方法。以及理论假设的验证结果，包括说明样本缺失处理等数据准备工作。

第5部分，在理论综述和相关研究文献回顾的基础上，提出本书所定位的研究命题，并针对概念模型中的关键变量及其关系推导出本书的假设，按照上部分的方法，采取调查问卷的方法收集相应的数据，并对所收集的203家企业样本的基本资料进行分析，描述样本数据特征；阐述了主要变量的信度和效度分析结果；对主要变量进行皮尔逊相关分析；对同源误差及共线性等问题作了检验，使用阶层多元线性回归对研究假设进行验证。

第6部分，本部分内容主要是概述了研究得出的结论，并对未来的研究方向进行展望。主要内容包括研究结论，以及对实践中技术创新管理的启示及建议，并指出了本书的缺陷与不足，最后对未来的研究方向做出展望。

第二节　研究技术路径

本书从实践中遇到的问题出发，采取理论推导与实证检验相结合的方式，以技术创新理论、开放创新理论及资源基础等理论为基础，对技术创新开放度的各影响因素及其构成维度进行分析，建立模型并进行实证检验，最终形成研究结论。具体可以归纳为图1-1所示。

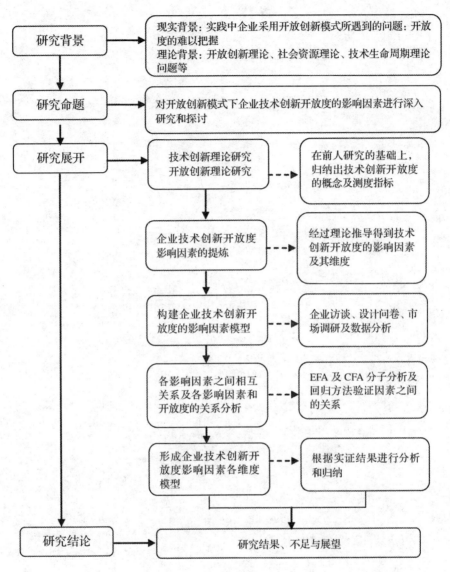

图 1-1　本书的技术路径

第二部分　理论回顾及文献综述

第五章　技术创新理论

第一节　技术创新理论

一、熊彼特创新理论

　　人们对创新概念的理解最早主要是从技术与经济相结合的角度，探讨技术创新在经济发展过程中的作用，主要代表人物是现代创新理论的提出者约瑟夫·熊彼特。独具特色的创新理论奠定了熊彼特在经济思想发展史研究领域的独特地位，也成为他经济思想发展史研究的主要成就。熊彼特认为，所谓创新就是要"建立一种新的生产函数"，即"生产要素的重新组合"，就是要把一种从来没有的关于生产要素和生产条件的"新组合"引进生产体系中去，以实现对生产要素或生产条件的"新组合"；作为资本主义"灵魂"的"企业家"的职能就是实现"创新"，引进"新组合"；所谓"经济发展"就是指整个资本主义社会不断地实现这种"新组合"，或者说资本主义的经济发展就是这种不断创新的结果；而这种"新组合"的目的是获得潜在的利润，即最大限度地获取超额利润。周期性的经济波动正是起因于创新过程的非连续性和非均衡性，不同的创新对经济发展产生不同的影响，由此形成时间各一的经济周期；资本主义只是经济变动的一种形式或方法，它不可能是静止的，也不可能永远存在下去。当经济进步使得创新活动本身降为"例行事物"时，企业家将随着创新职能减弱，投资机会减少而消亡，资本主义不能再存在下去，社会将自动地、和平地进入社会主义。当然，他所理解的社会主义与马克思恩格斯所理解的社会主义具有本质性的区别。因此，他提出，"创新"是资本主义经济增长和发展的动力，没有"创新"就没有资本主义的发展。

　　熊彼特以"创新理论"解释资本主义的本质特征，解释资本主义发生、发展和趋于灭亡的结局，从而闻名于资产阶级经济学界，影响颇大。他在《经济发展理论》一书中提出"创新理论"以后，又相继在《经济周期》和《资本主义、社会主义和民主主义》两书中加以运用和发挥，形成了"创新理论"为基础的独特的理论体系。"创新理论"的最大特色，就是强调生产技术的革新和生产方法的变革在资本主义经济发展过程中的至高无上的作用。但在分析中，他抽掉了资本主义的生产关系，掩盖了资本家对工人的剥削实质。根据创新浪潮的起伏，熊彼特把资本主义经济的发展分为三个长波：①1787—1842年是产业革命发生和发展时期；②1842—1897年为蒸汽和钢铁时代；③1898年以后为电气、化学和汽车工业时代。

二、新熊彼特创新理论

第二次世界大战后，许多著名的经济学家也研究和发展了创新理论，20世纪70年代以来，门施、弗里曼、克拉克等用现代统计方法验证熊彼特的观点，并进一步发展创新理论，被称为"新熊彼特主义"和"泛熊彼特主义"。对于市场结构与创新的关系，熊彼特在其《资本主义、社会主义及民主》（1942）一书中的观点是："在现代的、不完全竞争市场结构最有利于创新"。这一论断被称作"熊彼特假设"。他认为，"最有效的创新的市场形式是大公司主导竞争的现代工业化经济，而不是在完全自由的市场竞争条件下"，熊彼特本人并没有明确区分是大规模的公司有利于创新，还是市场势力（集中度）影响了创新。新熊彼特学派强调技术创新和技术进步在经济发展中的核心作用，坚持认为企业家是创新主体，这些都符合熊彼特的创新理论传统。在研究重心上，侧重于企业的组织行为、市场结构等因素如何影响技术创新，在此基础上，提出了诸如技术创新扩散、企业家创新和创新周期等理论模型。

Maclaurin（1954）等研究分析了1925—1950年间美国13个行业的技术过程并得出结论，较高技术进步率的产业具有"高垄断性特征"，或者有高的进入门槛使得大公司具有价格领导地位；一定程度的垄断和市场集中度根本性影响了技术进步，一定的市场自由进入和竞争精神刺激了技术进步。与此同时，高垄断性并不直接影响到技术进步，更重要的因素是产业的相关生产工艺及具有科技经验的企业家领导能力影响的外部性。谢勒尔（Scherer. F. 1965）的研究发现：专利发明（创新）并不与企业规模的增长成正比。不同规模和特点的企业，客观上适合不同规模企业创新的领域与行业。

阿罗（Arrow. k，1970）的研究也是市场结构对于创新的影响关系，他比较了完全垄断和完全竞争两种市场后得出结论：完全竞争比完全垄断更有利于创新，但这两种市场结构并不是最优的市场状态。卡米恩（Kamien. M.）、施瓦茨（Schwartz. N.）认为，最有利于创新活动开展的乃是垄断竞争型的市场结构。曼斯菲尔德（E. Mansfield，1977）认为如果超过了中等程度的市场集中度后，进一步增加的集中度并不能影响技术创新率相应的提高，相反，过高的集中度会对研发活动产生负面影响。Baldwin 和 Scott（1987）的研究认为，必要的企业规模和市场势力对研发活动的影响在行业间及行业内都可能有很大不同：某些类型的创新活动对于小而灵活的公司来说更有效率，而某些创新却可能需要大公司来运作。

三、制度创新理论

制度经济学派强调制度对创新的激励和影响作用。道格拉斯·诺思（Douglass. North）作为其代表人物，分析了技术创新的制度环境，提出创新的外溢性造成社会收益往往大于私人收益，这便大大影响了私人的创新积极性。这种情况下，需要政府政策等制度环境对创新的技术产权加以界定和保护，以平衡创新的私人收益和社会公共收益。显然，创新的实际产出受到制度的激励和影响。诺思认为，工业革命之所以发生在英国，"起因于一种适宜于所有权演进的制度环境"，尤其是英国率先建立了鼓励创新和技术发明的专利保护制度。英国的第一部专利法，1924 年的《独占法》直接保护了人们的创新活动。他还明确提出，要鼓励持续创新，就必须建立利于创新的产权制度，以提高个人收益。制度创新决定技术创新，好的制度选择会促进技术创新，好的制度设计将扼制技术创新或阻碍创新效率的提高。由此，制度创新理论充分论证了制度安排对技术进步的决定性影响。

四、国家创新系统理论

国家创新理论认为技术创新的推动是以国家为主体的系统工程，创新是由国家创新系统推动的。弗里曼（1972）认为，这一国家创新系统就是将创新主体的激励机制与外部环境条件有机地结合起来。在国家创新系统中，企业和科研机构等其他组织均是创新主体，在国家制度的安排下相互作用，实现了知识的创新、引进、扩散和应用，促进整个国家取得更好的技术创新绩效。总体来看，国家创新体系就是参与和影响创新资源的配置及其利用效率综合体系。理查德 R 纳尔逊（Nelson，Richard R.，1986）对美国创新体系和制度进行的研究发现，美国的国家创新体系具有不同于苏联的资本主义显著特点：第一是新技术的私有化；第二是新技术的创造主体是多元的、独立的且一般具有竞争关系；第三是市场行为与创新的厂商密切依赖。然而，源于技术创新的外部性和公益性，"在制度设计时，需要在技术的私有和公有两方面之间，建立一种适当的平衡，即保持足够的私人刺激鼓励创新，又保持足够的公有性促进技术广泛应用。"①。美国的国家创新体系在保留了产业创新利润动机的同时，通过大学等有关机构以及政府提供资助，使技术在很多方面成为公有，在很大程度上避免了私有化的浪费和损失。弗里曼则研究了日本的国家创新系统，强调日本的通商产业省在这个体系中的关键作用，那就是跟随国际市场的广阔空间而引导国内企业发展最先进的技术，承担所谓的"技术责任"，这在别的国家系统中是少有的。

第二节　企业创新理论

一、企业资源基础论

Wernerfelt 于 1984 年发表《企业的资源基础论》为资源基础理论（Resource-Based Theory）奠定基础，此后经过 Peteraf（1993）、Barney（1991，2001）、Grant（1996）等人的持续研究，资源基础理论渐趋系统和完善，成为 20 世纪 90 年代战略管理领域的主要理论。该理论把企业看作是一个汇合"异质性"资源的载体，认为企业的长期可持续的发展取决于企业拥有的内部异质性的资源和能力。Wernerfelt（1984）认为资源是与企业紧密联系的永久性资产，并对战略资源做了归类，认为战略性资源必须具备有价值性、稀缺性、难以模仿性和难以替代性，同时他认为只有当企业有较高的能力对这些资源进行有效率地配置时，战略性资源才能真正发挥其作用并为企业带来可持续的竞争优势。Barney（1991）通过揭示资源到战略资源之间的演变过程，认为战略资源具备异质性、不完全流动性等特征，并据此将战略性资源要素划分人力资本资源、物质资本资源及组织资本资源（马昀，2001）。

---

① 引自 Nelson，Richard R.，"美国支持技术进步的制度"，1986，C．多西等《技术进步与经济理论》，P382

二、企业动态能力理论

随着资源基础理论的不断演进，资源理论研究的外延不断拓展，产生了企业核心能力观、动态能力观及企业知识理论。核心能力观把组织能力视为一种重要资源，Prahalad 和 Hamel（1990）认为企业对整个组织的协调能力及对内部资源、技能、知识的整合能力具有适用性、有价值性、难模仿性，是企业具备的让竞争对手难以模仿和替代的核心竞争力。特别是企业拥有的积累性知识，及对多种知识的整合能力是企业获得可持续发展的来源。

核心能力理论的不足随着时代和环境的变化渐渐浮现出来：企业原有的核心能力有可能成为阻碍企业发展的包袱。基于环境的动态性及复杂性变化，Teece 等人（1986）提出动态能力的概念，将动态能力看作是能够适应、整合和重构企业的资源和能力。在 Teece 看来，动态能力即改变能力的能力是使企业与变化的环境要求相匹配的一种能力，并使企业在动态、复杂、不确定的环境下获得持续竞争优势。该观点强调企业具备对外部互补资产的获取，资源与能力的重整、组合、获取与调适以及及时反应、快速创新的能力（Pisano & Verganti，2008）。此外，动态能力观还认为企业与外部组织进行创新上的合作是获取互补性资源的一种必要手段，通过获取互补性资源能够促进内部资源的开发（Richardson，1972；Teece，1986；Barney，1991）。动态能力理论认为，某些特殊资产（如不可移动资产）无法通过常规市场进行交易，因此拥有这些特殊资产的企业，倾向于选择持有互补性资源的企业进行合作，以便更好地从这些特殊性资产的转让中获利（Tsang，2000；Hagedoorn，2002；Teece，2006）。动态能力理论认为企业的动态能力可以通过学习机制获得（Zollo & Winter，2002），为企业动态能力的构建和强化指明方向，同时充分考虑了环境的动态变化带来的对企业的影响，强调建立从外部途径吸纳知识的特殊能力，是对资源基础理论的完善和提升（刘力钢等，2011）。

三、企业知识理论

企业知识理论（enterprise knowledge theory）将企业看作知识一体化的制度，认为在企业组织生产过程中形成的知识积累存量和知识水平的差异，会导致企业间资源的异质性，并最终导致企业间配置资源的效率和方式的差异。在企业知识理论看来，企业是知识的大仓库，本质上是一个学习性系统，不断向外部获取、吸收及利用知识，并持续创造、转移及共享新知识（Demsetz，1998），因而知识的创造、存储和应用是企业竞争和获得超额收益的关键。该理论认为对知识的管理包括对显性知识、隐性知识及两种知识转化过程的管理，并指出企业所拥有的包括组织资本和社会资本在内的隐性知识难以被竞争对手所模仿（Spender，1996）。知识管理理论的观点中充分强调了学习机制（系统）的重要性，是对动态能力观的继承和发扬，同时从知识视角出发，重视知识特别是隐性知识的管理，从而进一步拓展和完善了企业资源理论，但其理论框架还有待进一步的充实和丰富。资源基础理论各观点比较见表 2-1。

表 2-1　企业创新理论观点比较

	资源基础观	核心能力观	企业知识理论	动态能力观
企业内涵	认为企业是异质性资源的集合体	累积性的知识和能力的集合体	隐性知识一体化的学习性系统	对惯例的修改和创新
分析单位	企业的内部资源	组织能力	知识积累和知识水平	技术资产、互补性资产等
优势来源	资源优势	核心能力（组织、协调、整合能力）	知识优势（知识创造、知识储存、知识应用能力）	学习、创造能力，创新、吸收、整合优势
实现方式	获取战略性资源	通过整合多技术，组织协调实现	通过学习，及对隐性知识、显性知识的管理	通过学习，利用，吸收外部互补性资产
理论贡献	充分利用企业内部的资源	在资源基础上重视能力的作用	关注企业隐性知识的作用	考虑外部环境，动态性、开放性
代表人物	Wemerfelt，Peteraf，Barney Cool，Grant	Prahalad，Hamel	Foss，Spender，Grant	Teece，Pisano Shuen，Zollo，Winter

注：作者据资料整理

综合以上文献，资源基础理论把企业看作是异质性资源的载体，认为企业的核心竞争优势来源于企业所持有的内部异质性资源，强调的是对企业内部资源的充分利用和配置。随后的核心能力理论进行了拓展，将企业视为汇合累积性的知识和能力的载体，认为丰富的知识以及对多种知识的整合能力是企业竞争优势的来源。这期间企业创新的主流是追求强大的内部研发力量，以维持自身的技术垄断优势。随着环境的动态变化，核心能力成为企业发展阻力的这一局限性受到更多学者的关注，动态能力——改变能力的能力理论应运而生。动态能力被看作是能够适应、整合和重构企业的资源的能力。企业的动态能力与变化的环境要求相匹配，能使企业在动态、复杂、不确定的环境下获得持续竞争优势。因此，向外部获得互补性资源以促进内部资源开发成为企业创新的一种必要手段。动态能力理论从具备资源以适应复杂环境的角度出发提出了向外部学习，从外部获取资源的重要性。相对于前两种观点而言，动态能力理论既强调企业的资源及资源的合理配置，也强调整合、重构等能力随环境的变化而变化，同时还强调提升企业的学习能力以加速企业的创新。总的说来，动态能力理论更具有时代发展特征，对企业的创新更具指导意义，但该理论仍然存在一定的局限性，其所倡导的从外部获取的资源仅仅局限于互补性资源，并未将有益于企业的外部技术资源全部涵盖在内，也未能将互补性资源提升到与内部资源同等高度，向外部获取资源的渠道也存在局限性。

第三节　开放创新理论

进入 21 世纪，信息技术推动下知识社会的形成及其对创新的影响进一步被认识，科学界进一步反思对技术创新的认识，创新被认为是各创新主体、创新要素交互复杂作用下的一种复杂涌现现象，是创新生态下技术进步与应用创新的创新双螺旋结构共同演进的产物，关注价值实现、关注用户参与的以人为本的开放创新模式也成为新世纪对创新重新认识的探索和实践。

20 世纪 80 年代以前，企业创新模式是依靠自身的创新能力研发新技术并将此技术成果进行商业化转化，即 Chesbrough 归纳的 "封闭式创新模式"（如下图 2-1）。这种模式下企业必须完成从研发人员和研发设备投入、产品设计、生产制造、销售、售后服务及技术支持的所有的程序和步骤，将承担由技术研发至技术商业化成果转化过程中所有的创新风险。Chesbrough（2003）认为封闭式创新的实现方式是企业通过大量的研发人员及研发设备等投入为基础展开创新以取得发明成果，然后通过知识产权制度的严格保护获得创新利润及竞争中的优势地位，在这个创新过程中，企业对待组织外部的创新资源通常采取的是非合作态度。

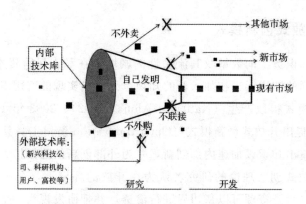

图 2-1 封闭式创新模式

资料来源于 Chesbrough（2003），Lichtenthaler（2008）

Dahlander 和 Gann（2010）认为促使开放式创新产生的四个前提因素是：①工作模式的社会经济变迁下，技术工人的流动性加强；②全球化进一步加剧了劳动分工的细化；③知识产权保护制度的日益完善、风险投资资本的兴起以及技术标准的形成使企业间的创意交易日益频繁；④ 以信息技术和网络技术为代表的新技术的快速发展为远距离的企业合作提供了保障。这些因素的产生对企业原有的封闭式创新形成了挑战，主张企业渗透其组织边界和外部加强交流并寻求新技术的解决方案以及互补性资产的观点得到更多的重视（Nelson & Winte，1982；Teece，1986；2006），Cohen 和 Levinthal（1990）也重点研究了利用外部知识促进企业内部研发的重要性，Rothwell（1994）强调创新是企业内部和外部多种因素相互作用的过程，创新的成功需要企业对其内部的资源和外部的资源进行高度的整合。企业间的协作与交流日益增加，企业常常需要获取外部技术并和内部技术活动相结合，与制造商、用户、与供应商等开展技术上的合作变得普遍（Granstrand 等，1997；Imai 等，1985；Von Hippel，2005；2007）。封闭式创新模式下企业单打独斗的方式逐渐不能适应新的环境，随之而来的是不同的创新主体一起合作产生新的技术或创意，并将此新的技术或创意进行商业化应用的合作模式（Freeman & Soete，1997；Hagedoorn & Cloodt，2003）。在这个不同创新主体参与的创新系统里，企业与其他互动主体，如领先用户、供应商等的合作模式中显示出明显的互动特征（Brown & Eisenhardt，1995；Szulanski，1996）

一、开放式创新模式

伴随着知识员工的数量及其流动性的剧增，在私人风险资本的支持下，一种使得相同的知识元集在加入新的知识单元后能实现的有用组合的更多可能性的创新模式得以产生（Katila & Ahuja，2002）。2003 年 Henry Chesbrough 首次提出开放式创新模式（Open Innovation model），认为企业有意识地流入和流出知识以加速内部创新，并为外部创新的运用扩大市场（如下图 2-2）。开放式创新理论的研究者认为在开放的环境下，企业的边界是开放的，技术创意及资源可以从边界进行渗透，并把研发视为一个向外界开放的系统，第一次将企业外部的技术源提高到与企业内部技术源同等的高度，认为有价值的知识随着专业技术人才的流动而广泛分布，使得即便是最具有创新能力的研发组织也必须重视识别、获取和利用外部知识。那些曾经只在大企业产生的创意现在可能产生于多种途径——来自于个人投资的新兴企业、供应商、竞争对手、知识工作者、高等院校及科研机构等（Chesbrough 等，2006；West & Gallagher，2006）。随后更多的研究进一步推动了开放式创新理论的发展。

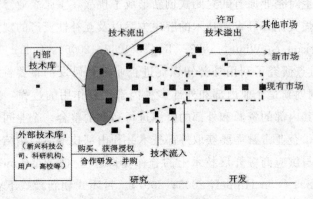

图 2-2 开放式创新模式

资料来源：The Era of Open Innovation，Henry W. Chesbrough，MIT SLOAN MANAGEMEſT REVIEW，2003：6

二、开放式创新的内涵

Chesbrough（2006）认为开放式创新的过程就是把内部创意和外部创意整合到同一系统和组织构架中，以加速企业自身技术创新的过程。新的开放环境下，企业更多倾向于与多元化的创新参与者进行合作，并积极融入互动频繁的创新网络中以实现自身的技术突破（Brown & Duguid，1998）。投入创建更大的网络社区、加强与用户的连接互动已经成为企业技术创新绩效提高的重要举措，技术创新过程变得比以往更开放（open）、更发散（distributed），也体现出更多的民主（democratic）（Chesbrough & Teece，1996；Coombs，Harvey，& Tether，2003；Von Hippel，2007）。开放式创新模式具有缩短创新时间、提高创新效率、降低创新不确定风险从而获得更多创新效益的优点，自提出后受到国内外众多学者的跟进研究，开放式创新理论得以不断完善。

开放式创新理论的研究包括开放式模式的概念、特点、过程与分类、对企业创新的意义以及对创新绩效的影响等方面（王圆圆，刘国新，李霞，2010）。如对开放式创新概念与内涵的探讨研究（Chesbrough，2003；Van de Vrande & de Man，2005；Chesbrough & Crowther，2006；Van der Meer，2007；Von Hippel，2007）、开放式创新下的能力研究（Lichtenthaler & Ernst，2006；2008；2011 杨静武，2007）、开放式创新过程中的合作对象的选择研究（Laursen & Salter，2006；Lee 等，2010；吴波，2011；Anne-Laure Mention，2011；De Backer，2008；Kupfer & Avellar，2009；Mention，2011）、开放式创新的过程与分类研究（Chesbrough & Garman，2009；Chiaroni 等，2011；Huizingh，2011；M. P. Knudsen & Mortensen，2011；Lichtenthaler & Ernst，2009；Spithoven，Clarysse，& Knockaert，2011；Wallin & Von Krogh，2010）、技术创新开放度的相关度量研究（Laursen & Salter，2005；2006；游达明，孙洁，2008；Lazzarotti & Manzini，2009；Dahlander & Gann，2010）、技术创新开放度对企业创新绩效的影响研究（Laursen & Salter，2006；陈钰芬，陈劲，2008；何郁冰，陈劲，2010；Almirall & Casadesus-Masanell，2010；Almirall & Casadesus-Masanell，2010）等。

Rigby 和 Zook（2002）在分析了开放式创新的特点后指出，企业采用开放式创新模式进行创新能拥有四种明显的优势：①为企业提供创新所需的新创意等基本材料；②提升企业的创造能力为企业带来更高的创新收益；③为企业提供衡量创新价值的方法；④有利于企业明确其创新中最擅长的部分。Schmidt（2005）通过 2005 年加拿大的创新调查数据（CIS）的统计分析，表明企业采取创新合作能够获得外部有价值的知识流入、创新成本的下降、商业化应用的快速实现以及达到创新产品的规模经济。Chesbrough 和 Crowther（2006），以及 Van de Vrande 等（2011）从另一个角度认为企业采用开放式创新能实现进攻性动机（如刺激创新利润增加）和防御性动机（如降低成本和风险）。另外一些研究则集中探讨了开放式创新带来的降低成本、缩短市场开发周期、增加创新收益等（Nagaoka & Kwon，2006；Rigby & Zook，2002；Lichtenthaler，2007；Cheng & Huizingh，2010）。开放式创新战略是一种通过整合外部知识和内部创新能力，使企业不易被竞争对手模仿，从而能够获得潜在的持续竞争优势的战略（Kodama，2005；Sen & Rubenstein，1989）。

曹勇和贺晓羽（2010）应用开放式创新的理论分析了知识密集型服务业，研究结果表明：知识密集型服务企业在创新过程中应用开放式创新理论，不仅有利于其拓展创新过程中的技术创意及知识来源渠道，提高其与合作的创新参与者间的互动程度，还非常有利于其创新中不确定风险的降低，从而知识密集型服务业的创新绩效能够得到更有效的提高。开放式创新环境下，企业获取专利的途径有内部研发、许可、外包、战略联盟等多种形式（Cao & Zhao，2011）。随着互联网的高度普及及全球互联互通，布奇因雅克奎斯等（2008）认为基于互联网络平台的开放式创新将成为创新范式的发展方向。依托互联网平台，企业的边界更为广阔，与外界的交流更为便捷，从外部获取知识的成本大大降低，在研发过程中同多个供应商、经销商、同行、用户、科研机构等进行广泛合作成为可能，从而企业具备在全球范围内利用资源的实施条件（陈秋英，2009）。同时信息技术的不断提高，促使更多隐性知识显性化，降低了知识共享的难度（吴婷等，2010）。企业的技术创新网络扩展到全球（马琳，吴金希，2011）。基于互联网的技术外包、技术众包等模式拉近了企业在技术创新中与网络参与者的距离（惠新宇，何亮坤，2011），开放式创新在互联网的助力下将进一步发展。

综上，创新环境的动态性、复杂性及非线性的变化，以及企业为适应该变化而采取的快速应对策略，形成了企业技术创新理论向前演进的重要推手，也为开放式创新的应用和发展奠定了基础。熊彼特通过对资本主义早期经济的深入研究开创了从经济学视角来研究创新的先河，提出创新是新的生产函数的建立，是企业对生产要素新的组合（Schumpeter，1962）。熊彼特的创新内涵范围非常宽广，但未能对技术创新进行深入探讨。M·卡曼和 N·施瓦茨等人在熊彼特的理论基础上对技术创新理论的研究更深入、更具体，对技术创新原因或动力等问题进行了更有说服力的诠释。但他们以完全竞争市场为理论假设前提的理想化状态与实际可能存在差异，同时卡曼、施瓦茨等人认为企业的技术创新行为主要依托企业内部拥有独特性的创新资源进行，以及关于企业规模对企业创新行为影响的观点对企业创新应用时具有较大的局限性。在技术飞速发展、业务全球化及其导致的竞争加剧的背景下，企业在创新中与外部的合作变得频繁，企业采用开放式创新模式成为一个自然进化的过程（Bayus，1994；Gupta & Wilemon，1996）。Han vander Meer（2007）认为开放式创新是技术创新理论的深化，是创新管理演化系统进程中的第三个阶段。在信息技术及互联网持续发展的环境下，企业在全球范围内利用资源实现开放创新的成功几率倍增。

开放创新理念为企业如何在新的动态、复杂环境下开展技术创新提供了理论依据和指导。随着开放式创新理论向纵深发展及其在管理实践中的不断应用，采用开放式创新模式有意识地获取外部创意及流出内部知识将渐渐成为企业进行技术创新的一种常态（Almirall & Casadesus-Masanell，2010）。然而，目前企业在应用开放创新获取技术资源仍然存在诸多难题，开放创新的系统性研究还不够充分。首先，开放式创新受到内外部诸多因素的影响，这些因素交织在一起给企业带来新的机遇的同时，也给企业带来较大的管理挑战。例如：如何利用外部的技术机会，如何避免相关知识扩散带给企业的影响等。特别是企业在与外部合作创新中可能存在的一些负面影响：失去企业"皇冠上的珠宝"的担忧（Kline，2003）、增加对外部技术的依赖性、增加协调成本、需要跨边界的管理技能、受合作伙伴的控制等（Laursen & Salter，2005），这就意味着企业在确定适宜的开放程度方面还存在困境，在技术创新开放度的把握方面的研究还有待深入。其次，技术创意及资源可以从外部获取，但企业的技术创新能力无法通过市场购买，短期内也难以从合作中获得（Teece，Pisano & Shuen，1997），采用开放式创新是否会弱化企业自身的技术研发能力仍然有待验证；此外，开放式创新只是充分利用外部资源加速企业的技术即利用式创新，如何平衡其与探索式创新的关系也是面临的难题之一。

第六章　技术发展理论

第一节　技术的生命周期理论

技术的生命周期理论（Technology Life Cycle Theory，以下简称 TLC 理论）源自于雷蒙德·弗农提出的产品生命周期理论（Vernon，1966，1979）。产品生命周期理论从产品角度分析产品和生物一样具有生命周期，即一件产品会先后经历创新期、成长期、成熟期、标准化期以及最后的衰亡期共五个不同的阶段。学者们研究发现，一项技术由诞生至消退所呈现出的阶段性特质非常类似于产品的发展规律，即技术也存在从产生到衰退的生命周期发展。作为首次提出 TLC 概念的学者，Abernathy 和 Utterback（1978）指出一项技术从无到有的发展历程，就是该项技术特征在其生命周期发展阶段的表现过程。他们认为技术的演进阶段以技术创意产生为起始阶段，经过技术成熟阶段最后走向被淘汰的阶段。随即，该理论得到学界和业界的广泛认同。技术的生命周期可分为：研究期、应用期、发展期、成熟期以及老化期五个过程。斋藤优和王月辉等学者将技术生命周期和产品生命周期进行结合，并划分出产品革新阶段、工序改革阶段、改进产品和降低成本阶段以及技术淘汰阶段共四个阶段（斋藤优，王月辉，1996；斋藤优，郝跃英，1983）。此外，Baker（1989）在充分分析技术的发展特性后将技术的发展划分为以下几个不同的发展时期，包括技术的前模型期、新技术产生期、技术成熟期、技术的定型期和技术的最后退期。目前技术的发展大致被分成四阶段的划分方法比较受到认可（Betz，2003；Chesbrough，2006），即将一个完整的 TLC 分为四个阶段（见下图 2-3）：技术的产生期（或萌芽期）、成长期、成熟期及衰退期。其中第一阶段：技术的产生期，特征是企业等创新主体投入的创新资源较多，技术方向存在不确定，风险较大，参与技术研发的企业数量较少。第二阶段：技术的成长期。此阶段特征是研发成果已经诞生，专利申请数量快速增加，并逐步形成主导性技术。第三阶段：技术的成熟阶段。表现特征是研发技术趋于成熟，应用该技术的产品批量化生产，技术交流及合作频繁。第四阶段：技术的衰退阶段。此阶段特征表现为专利技术日渐陈旧，一代产品技术生命周期完结。由于更新的根本性技术的产生极大地提升了产品质量与性能，技术轨道由此前发展的低技术层次上升到一个较高的新技术层次，随之而来的是新一轮的技术沿着新的技术轨道开始进入到下一轮的技术发展进程，老一代产品即被新一代产品替换（刘婷，平瑛，2009）。

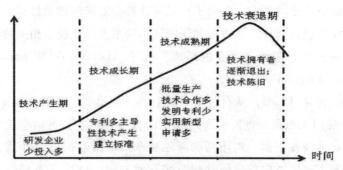

图2-3　技术生命周期及特征

TLC 理论被认为是技术发展变化的内在规律，反映了技术本身具有的性能特征随着时间的发展变化而表现出的满足技术使用者的需求的程度的变化（Kim，2003）。随着 TLC 理论研究的深入，学者们对 TLC 的概念和定义有了一定的共识。TLC 理论认为技术的生命周期的发展过程呈现出典型的"S"形曲线规律。按照这个曲线规律，技术的投入成本、技术的稳定性、技术及市场风险等会随着技术的发展阶段不同而存在差异。如上图所示，当技术处于产生期时，研发企业的投入成本非常大；技术进入成长期，主导性的技术逐渐清晰，技术标准随之制定，企业间的技术合作日渐增多；技术的成熟期时，大量的技术专利和产品涌现，技术供给市场丰富，技术授权及转让更加频繁；随着技术进入衰退期，技术变得陈旧，技术的拥有者渐渐退出市场转而研发更新的技术。显然，企业从外部获取技术创意及资源时应考虑技术在各个不同阶段的发展特性。特别是当技术处于产生期，即高度不确定性条件时，TLC 理论能为企业把握适宜的技术创新开放度提供理论支持，即企业应据技术所处的生命周期阶段及相应的特征来做出相应的决策。

第二节 技术的社会形成理论

技术的社会形成理论（即 social shaping of technology，以下统称为 SST）诞生于唐纳德·麦肯齐和朱迪·瓦吉克曼主编的《技术的社会形成》，该书认为技术是由创造和使用它的社会条件（或因素）所决定的社会产物。SST 理论认为，形成新技术的过程中相关的技术、非技术因素的共同建构能够决定该新技术的形成。即为了达成符合社会要求的创新目标，社会因素会加入至技术创新进程，从而在创新中技术因素及与该技术相关的非技术因素形成某种衔接，进而"社会的形成"技术（Donald & Wajcman，1986；Williams & Edge，1996）。

平奇和比克（2009）从自行车的诞生史总结出一项新技术的形成理论。1790 年，法国人西夫拉克发明了最原始的自行车。它只有两个轮子而没有传动装置，人骑在上面，需用两脚蹬地驱车向前滚动。1817 年德国人德雷斯在自行车上装了方向舵，使其能改变行使方向。1839 年苏格兰人麦克米伦制造铁制自行车，装上实心橡胶轮胎、前轮小、后轮大、坐垫较低、装有脚踏板和曲柄连杆装置，骑者可以双脚离开地面的自行车。1840 年英格兰铁匠麦克米伦，在前轮的车轴上装上曲柄，再用连杆把曲柄和前面的脚蹬连接起来，由双脚的交替踩动变为轮子的滚动。1861 年法国的米肖父子在前轮上安装了能转动的脚蹬板，把鞍座改为固定在车架上。1869 年英国的雷诺首用钢管制成车架，并在轮辋上装上了实心的橡胶带，使自行车的重量减轻。德国斯图加特出现了由后轮导向和驱动的自行车，同时车上采用了滚动轴承、飞轮、脚刹、弹簧等部件。1874 年英国人劳森在自行车上别出心裁地装上链条和链轮，用后轮的转动来推动车子前进，但仍然不够协调与稳定。1886 年，英国的机械工程师斯塔利，从机械学、运动学的角度设计出了新的自行车样式，装上前叉和车闸，使用滚子轴承，前后轮大小同，以保持平衡，并用钢管制成了菱形车架，还首次使用了橡胶车轮。英国人詹姆斯把自行车前后轮改为大小相同，并增加了链条，使其车型与现代自行车基本相同。1887 年，德国曼内斯公司将无缝钢管首先用于自行车生产。1888 年爱尔兰的兽医邓洛普，使用充气轮胎解决了自行车多年来最令人难受的震动问题，同时更把自行车的速度又推进了许多，而且完善了自行车的使用功能。

通过观察上述自行车技术及性能逐步提升的发展历史，平奇和比克

（2009）发现参与改良自行车技术的人员来自各个国家从事各种职业，但是他们共同特点是同为自行车的用户，从而得出结论技术的形成呈现出受社会群体影响的多向发展模式，技术的主体涉及更广泛的社会群体，而不再仅仅局限于原有的科学家和工程师等专业技术人员，不同的文化价值观、利益诉求等都成为技术的建构因素（Pinch，1993；Pinch & Bijker，2009）。

SST 理论从社会学的角度出发，认为技术不是纯粹地根据其一种技术内在的逻辑来发展的，原因在于任何一项技术发展路径都不是唯一的，在新技术的产生和应用过程中的每一个阶段，都会涉及针对技术发展的一系列的可能性路径中的不同路径选择（Bijker，Hughes，& Pinch，1989；Williams & Edge，1996）。这些多样性的技术发展路径的选择倾向背后的深刻根源来自于社会的选择倾向。只有获得社会选择才意味着技术创新能够满足社会需求，受到社会的认同，这样的技术创新才是成功的（盛国荣，2007）。因此，技术创新正是在这种多样性发展路径的选择中产生的，而这种选择本质上是用户的各种需求特征的体现。即通过技术设计、试验和探索等过程中，以及获得技术来工作（接近应用）的期间，发现和呈现用户的各种需求且改进此前的探索结果以使用户需求得到具体的满足（Williams & Edge，1996）。在SST 看来，用户需求的满足来自于用户群体对技术的共同认识，这种认识只能够在不同利益的社会群体之间通过协商的机制而达到，是在一波又一波的争议中被建构起来的。即在由于不同群体之间的不同利益而进行的技术的相互影响和不断协商过程当中，这些群体会逐步产生对某种新技术或新技术方案的社会共识，并且这个群体之间的协商过程又建构了该新技术或新技术方案的新的选择环境。

SST 理论为企业在互联网发展的新环境下展开技术创新提供理论支持。企业借助互联网聚集包括企业创新决策者、技术研发人员、原材料供应商、大学及科研组织、经销商、技术爱好者、用户等代表不同利益的社会群体，这些在地域空间上分布广泛的不同的利益主体，时间节点上居于技术创新的不同环节和层次，文化背景、教育水平、生活习惯等存在较大差异，导致他们对技术创新及其过程的认识的不同，出于不同的利益和需求，存在的问题不同，提供的解决方案不同，相互之间不断地对某种技术提出新的需求和新的技术解决方案，最后通过互动协商的机制形成包括技术商品的有效性以及相关的技术问题在内的共同认识，企业据此设计制造出满足社会需求的新产品，达到技术的社会形成，并最终实现企业的技术创新绩效。

第三节 交易成本理论

一、交易成本理论的起源

Coase 1937 年发表《企业的性质》一书，将交易成本概念引入到经济分析当中，并于 1960 年在社会成本问题分析中对交易成本的内容做了进一步的界定。他提出利用价格机制会产生成本即交易成本，并定义交易成本是企业在市场交易中不得不支付的费用，包括为获得市场信息花费的代价，及达成合同、协议和契约等的签订所耗费的成本；同时他强调了产权在经济问题中的重要地位，指出产权明确对减少交易成本的决定性作用。Coase 用交易成本解释了企业存在的原因，认为企业是市场交易的内部化的产物。为了更好地阐明其思想，Coase 建立了一个包括市场、企业和法律的三维制度分析的框架，该框架以交易成本为核心，把产权和经济效率联系起来。按照 Coase 的观点，在产权清晰的前提下，市场中的任何矛盾和冲突都可以采取谈判和协议的方式进行解决，资源配置最有效的交易方式将会得到实现，最终达到交易成本最小化而社会总福利最大化（Coase，1937；1988）。

随后，斯蒂格勒及 Williamson 等人的研究进一步丰富并完善了交易成本理论。斯蒂格勒（1999）考察了买卖双方的交易行为，指出双方寻找对自己最有利的价格所不得不耗费的资源即搜寻成本是必不可少的交易成本。Williamson（1987）将交易成本比喻为经济中的摩擦力，并将交易成本区分为签订合同前后的"事前交易成本"和"事后交易成本"。事前交易成本包括草拟合同的成本，就合同条款进行协商谈判的成本，及合同保证实施所耗费的成本；事后交易成本主要包括交易中相关商品品质讨价还价的成本、交易事项不适应成本、建立成本和保证交易得以成功的成本。值得注意的是，在现实中交易成本的事前和事后部分并不能完全区隔，这两部分交易成本彼此之间会相互影响。具体而言，交易成本主要包含以下内容：①信息成本及搜寻信息的成本：其中信息成本是指和交易对象进行信息交换所需支付的成本，搜寻信息的成本是指企业为取得交易对象信息所耗费的成本；②协商议价成本：主要是指交易双方针对所订之契约、价格、品质进行讨价还价及协商的成本；③决策成本：主要是指交易前企业进行相关决策的制定所耗费的内部成本；④契约成本：主要是指交易双方签订之契约所花费的成本；⑤监督成本：主要是指交易对象为了督促实现已签订的契约内容而支付的成本；⑥执行或转换成本以及违约成本，主要是指企业作为交易的违约方所需付出的赔偿性成本等（Dahlman，1979）。

二、交易成本理论的内涵

在 Coase 的理论研究基础之上，Williamson（1985，1987）系统提出了交易成本经济学的研究纲领，为区分交易的关键维度做出了解答。在 Williamson 看来，交易成本经济学的核心特点包括：交易是作为交易成本理论分析的最基本的单位；交易出现的频率、交易中的不确定性和交易资产的专属性是区分交易类型的核心维度；每种治理模式包含多种不同的属性，使得交易成本和交易能力呈现出不同的离散性结构；具有不同属性的交易和具有不同成本（主要是节约交易成本）和能力的治理结构以一种可相互区别的方式进行相匹配；每种治理模式都得到了不同形式的契约法的支持；制度环境的变化会引起治理成本（比较成本）的变化，以及无论在什么情况下，交易成本经济学的应用都是通过比较制度分析方法，即人们可以选择最佳方案的方法是通过在两种可相互替代的方案之间进行相关的比较获得。

对于交易成本的决定因素，Williamson 主要从交易环境因素特别是交易的市场环境因素、交易主体因素即交易者的因素以及与特定交易有关的因素等三个方面来分析。其中，交易的市场环境因素指的是潜在的交易对手的数量；人的因素主要是指人的有限理性和机会主义的假定。Williamson（1985）明确提出了区别不同交易的三个维度以进一步说明与特定交易有关的因素：即资产专属、交易频率及不确定。其中，交易频率主要是指重复性的交易发生的频次；交易的不确定性则包括原发性的不确定性和继发性的不确定性，前者是指由于自然无序行为和无法预测的消费者偏好的变化造成的不确定性，后者是指由于信息缺乏带来的交易决策及交易过程的不确定性；资产的专用性包括四个方面：地点专用性、物质资产专用性、人力资本专用性及特殊资产的专用性。由于市场环境的变化莫测，交易充满了不可预期性，因此交易双方均尽可能地将其对未来的不确定性及复杂性纳入到拟签订的契约当中，从而给交易双方的合约安排与协调方式的选择留下空间（Olive & John，1990）。

无论是 Coase 还是 Williamson 都认为企业边界及规模是由交易成本决定的，但也有学者对此提出疑问。Demsetz（1988）认为企业边界的成因并不像 Coase 和 Williamson 所指的由交易成本决定，而更有可能是由于交易双方存在的能力差异性导致的。Robertson（1995）提出了动态交易成本，即包括在交易中与外部组织谈判，对外部组织如供应商的培训成本等在内的概念，以此论证企业具有的异质性的知识和处理事情的能力的协调是交易成本的一个来源，当企业不具有处理事情的能力的时候，这些成本才会发生。当企业处理事情的能力强特别是企业的吸收能力强时，必然带来更多的企业外购行为。侯广辉和蔡进兵（2010）构建了交易成本、能力及企业边界的数理模型，认为影响企业边界演进的因素包括了交易成本因素及连接内外部的吸收能力因素。在侯广辉等人看来，当通过市场外部产生较大的交易成本时，企业为了节约成本往往会选择进行内部化；当企业吸收能力的增强时，企业边界外部化倾向则更明显，即企业的行为是否外部化是根据交易成本和能力的对比下进行不断调整的。

综上所述，人类受限于有限理性及复杂环境动态变化的约束，往往无法准确判断及事先预测未来事项的发展，出于对交易中不确定性事项出现的担忧，会把相关的不确定性事项的预防性条款加入交易合同或契约，从而增加监督成本、契约成本、讨价还价成本等交易成本，使交易难度上升。交易成本也受非重复性交易的频率的影响，当交易出现的频率越高，企业发生的管理成本与协商成本也相对升高。当企业面临高额的交易成本时尽量选择内部化，反之则选择外部化。企业能力因素对交易成本具有一定程度的影响，企业的能力强则相关的交易成本会有所下降，企业的外部化行为会加强。开放式创新模式下，企业突破组织边界向外部获取技术资源以加速自身的技术创新，开放度的大小受限于开放过程中获取技术资源能力及获取资源的各项交易成本的大小。

第七章 社会网络理论

社会网络理论（social network theory）源于对社会网络的研究。社会网络是指社会个体成员之间因为互动而形成的相对稳定的关系体系，关注的是人们之间的互动和联系，社会互动会影响人们的社会行为。社会网络是由许多个人或组织组成的节点构成的一种社会结构，社会网络代表各种社会关系，经由这些社会关系，把从偶然相识的泛泛之交到紧密结合的家庭关系的各种人们组织串连起来。社会关系包括朋友关系、同学关系、生意伙伴关系、种族信仰关系等。认为社会网络是一种基于"网络"即节点之间的相互连接，而非"群体"即明确的边界和秩序的社会组织形式。该理论认为网络的行动者包括个人以及家庭、部门或组织等集合单位。这些网络的行动者有差异地拥有各种稀缺性资源，从而社会网络与企业知识、信息等资源的获取紧密相关。具体来说，强弱联结、社会资本、结构空洞是社会网络理论三大核心理论。

一、联结的强度：强联结与弱联结

社会网络的节点依赖联结产生联系，联结是网络分析的最基本分析单位。1973 年 Granovetter 在《美国社会学杂志》上发表的《弱关系的力量》一文最先提出联结强度的概念。他将联结分为强弱联结两种（StrongTie，WeakTie），从互动的频率、感情力量、亲密程度和互惠交换四个维度来进行区分。强联结和弱联结在知识和信息的传递中发挥着不同的作用（Granovetter，1973）。强关系是在性别、年龄、教育程度、职业身份、收入水平等社会经济特征相似的个体之间发展起来的，而弱关系则是在社会经济特征不同的个体之间发展起来的。群体内部相似性较高的个体所了解的事物、事件经常是相同的，所以通过强关系获得的资源常是冗余的。而弱关系是在群体之间发生的，跨越了不同的信息源，能够充当信息桥的作用，将其他群体的信息、资源带给本不属于该群体的某个个体。弱联结是获取无冗余的新知识的重要通道，但是，资源不一定总能在弱联结中获取，强联结往往是个人与外界发生联系的基础与出发点。

社会网络理论认为社会资源流动的效率和方式，会受到网络成员关系的数量、网络成员关系的方向、网络成员关系的密度以及网络行动者在网络中所处的位置等因素的影响。按照社会网络理论之关系要素分析，行动者之间的社会性黏着关系被分为强链接关系和弱链接关系。其中维系单个群体及单个组织内部的关系是强链接关系；而在不同群体及不同组织之间建立纽带的关系为弱链接关系，如下图 2-4 所示。

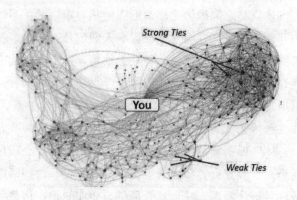

图 2-4 社会网络理论强弱连接图示

图片来源：https：//baike. baidu. com/item/％E7％A4％BE％E4％BC％9A％E7％BD％91％E7％BB％9C/1124278? fr＝aladdin

研究发现通过强关系获得的信息往往具有高的同质性，而微弱的链接反而最能推动人们获得成功，因为弱链接关系能够充当信息桥，更能跨越其社会边界去获得所需的信息和资源（Granovetter，1973）。从社会网络的结构要素看，在实际存在的规模化的网络中，总存在某些网络节点，其具有的影响力（即连接能力）会显著大于其他节点的影响力，这些具有大的影响力的节点往往占据着结构洞的位置，从而在这个规模化的网络中对网络资源配置有着巨大影响。

二、社会资本理论

法国社会学家 Bourdieu 首先提出社会资本概念，认为社会资本是指个人在一种组织结构中所处的位置的价值。科尔曼则对社会资本做了较系统的分析，认为社会资本指个人所拥有的表现为社会结构资源的资本财产，它们由构成社会结构的要素组成，主要存在于社会团体和社会关系网之中。林南（2001）首先提出社会资源理论，认为在一个社会或群体中，经过某些程序而被群体认为是有价值的东西，这些东西的占有会增加占有者的生存机遇。他把资源分为个人资源和社会资源。个人资源指个人拥有的财富、器具、自然禀赋、体魄、知识、地位等可以为个人支配的资源；社会资源指那些嵌入于个人社会关系网络中的资源，如权力、财富、声望等，这种资源存在于人与人之间的关系之中，必须与他人发生交往才能获得。社会资源的利用是个人实现其目标的有效途径，个人资源又在很大程度上影响着他所能获得的社会资源。在社会资源理论的基础上林南又提出了社会资本理论。社会资源仅仅与社会网络相联系，而社会资本是从社会网络中动员了的社会资源。林南认为社会资本是一种镶嵌在社会结构之中并且可以通过有目的的行动来获得或流动的资源，人们必须遵循其中的规则才能获得行动所需的社会资本。个人参加的社会团体越多，其社会资本越雄厚；个人的社会网络规模越大、异质性越强，其社会资本越丰富；社会资本越多，摄取资源的能力越强。不仅个人具有社会资本，企业也有企业社会资本，通过联结摄取稀缺资源的能力就是企业的社会资本。由于社会资本代表了一个组织或个体的社会关系，因此，在一个网络中，一个组织或个体的社会资本数量决定了其在网络结构中的地位。

三、结构洞理论

1992 年，博特在《结构洞：竞争的社会结构》一书中提出了"结构洞"理论（Structural Holes），来研究人际网络的结构形态，并分析网络结构能够带给网络行动主体的利益或回报。他认为"结构洞"就是指社会网络中的空隙，即社会网络中某个或某些个体和有些个体发生直接联系，但与其他个体不发生直接联系，即无直接关系或关系间断，从网络整体看好像网络结构中出现了洞穴。如果两者之间缺少直接的联系，而必须通过第三者才能形成联系，那么行动的第三者就在关系网络中占据了一个结构洞，显然，结构洞是针对第三者而言的。博特认为个人在网络的位置比关系的强弱更为重要，其在网络中的位置决定了个人的信息、资源与权力。因此，不管关系强弱，如果存在结构洞，那么将没有直接联系的两个行动者联系起来的第三者拥有信息优势和控制优势，这样能够为自己提供更多的服务和回报。因此，个人或组织要想在竞争中保持优势，就必须建立广泛的联系，同时占据更多的结构洞，掌握更多信息。

综上，社会网络理论丰富了企业获取资源的渠道，指出企业的网络中的弱链接关系能给企业带来更多的异质性资源，同时认为企业在社会网络中的网络范围越广，接触和获得的社会资源越好，获得行动的结果越有成效。社会资源理论为企业在互联网发展的新环境下展开技术创新提供了更多的理论支持。企业内的社会资本是指企业内部各个部门之间的关系的总和。在一个组织网络中，社会资本存量会随着网络的合作和协作的高效而增加，从而提高组织内资源的配置效率。因此，在企业的技术创新中，社会资本与物质资本、人力资本等一样具有非常重要的作用。而企业的外部社会资本是指企业外部的社会关系的综合及企业利用这些关系来获取外部信息和技术资源的能力的总和，包括企业与其他组织间的横向联系及在供应链中企业与其上下游企业间的纵向联系。总之，通过与外部环境中不同组织的合作，企业能够获取所需的信息、创意等各项资源，特别是与互联网网络参与者的广泛合作还可以获得包括显性知识和隐性知识在内的新知识（谢舜，肖冬平，2004）。互联网的高速发展，使企业的组织边界无限扩展，企业的网络范围可延伸至全球，获得外部有价值的技术创意、信息等资源的渠道更广泛，从而有益于企业利用及整合内外部的技术资源进行创新。

第八章　企业家精神

第一节　企业家理论

"企业家"这一概念由法国经济学家理查德·坎蒂隆（Richard Cantillon）在 1800 年首次提出，他认为企业家使经济资源的效率由低转高。后经萨伊到马歇尔，形成了企业家理论（entrepreneur theory）发展的三个阶段。现代企业理论的最新发展，特别是契约理论、激励理论的推进几乎都是以企业家理论为出发点，企业家的激励约束问题与企业的性质和类型、企业的治理结构、企业的资本结构等这些现代企业理论所考察的基本问题密切相关，现代企业家理论已成为现代企业理论的重要组成部分。企业家这个词，从 16 世纪诞生的那一刻起，就被赋予了冒险者的身份。而在这之后到现在的若干个世纪里，企业家先后被赋予了经营者、资本家、经理、革新者等身份。这些身份的赋予，反映了在时代更替，生产力发展，制度变迁的历史中，对企业家的不断思索。企业家是社会经济发展的推动者。在经济思想史上，给予企业家以重要地位的是约瑟夫·熊彼特，熊彼特因此而成为企业家理论的代表人物。他认为，解释企业发展的因素，不是企业为追求利润最大化的目标而进行的企业行为，而是企业应对即将变化的环境的战略意图。这种战略意图，就是企业应付不断变化的经济和社会形势而做出的努力。在熊彼特看来，企业家是企业发展的发动机，正是企业家带领企业实现着"创造性破坏"。企业家的功能不在于去寻找初始资本，也不是去开发新产品，他最核心的功能在于提供一种经营思想。这种经营思想经与企业资源结合后，将使企业创造巨大利润。企业家可以在不增加任何现有有形生产要素的情况下，通过引入一种"新的生产组合"，使得企业现有生产要素更加合理和更加有效地得到利用，从而创造出超额利润。1937 年科斯发表的经典论文《企业的性质》，不仅奠定了现代企业理论的基础，也成为企业家理论探讨上重要里程碑。他所开创的契约理论，不仅成为现代企业理论的主流，也奠定了企业家问题在理论上进行研究的基础，为企业家理论和现实实践的发展提供了更广阔的空间。

第二节　企业家精神

"企业家精神"是企业家特殊技能（包括精神和技巧）的集合。企业家精神指企业家组织建立和经营管理企业的综合才能的表述方式，它是一种重要而特殊的无形生产要素。熊彼特认为企业家精神就是一种不断创新的精神，是社会发展的推动力量，企业家的职能就是创新，他发现许多企业没有系统的书面战略，而是靠企业家个人的诸如直觉、判断、智慧、经验和洞察力等素质，来预见企业未来的发展，并通过他的价值观、权力和意志来约束企业的发展。战略是一个企业家对企业未来图景的洞察过程，其核心概念是远见。彼得·德鲁克提出企业家精神中最主要的是创新，进而把企业家的领导能力与管理等同起来，认为"企业管理的核心内容，是企业家在经济上的冒险行为，企业就是企业家工作的组织"。按照德鲁克的观点，企业家在企业发展过程中扮演三种角色，即①组织的奠基人（无论建立组织是否是一种创新行为；无论这名企业家是一名机会主义者，还是一名战略家）；②自有企业的管理者；③他人所拥有企业的创新型领导者。

现代奥地利经济学派强调企业家精神是企业家善于捕捉他人尚未发现的"机会"。企业的运行离不开企业家精神的执行，企业是企业家实现其主观想象的产物。在一个永远变化的经济世界里，企业的决策必须以对未来事件的预期为基础。柯兹纳（1973）认为市场机会是否存在，关键要看是否有企业家察觉到它的存在。企业家就是那些对市场机会具有超常的"嗅觉"，善于"闻到"商机的人。企业家总是在捕捉市场信号方面胜人一筹，这是企业家特有的敏锐性在起作用。企业家精神既不能靠投资、搜寻来获得，也不能被其他人所借用或利用。企业家具有独特的知识存量，因此当市场出现非均衡时，能对同样的信息做出与众不同的解释。柯兹纳认为只有企业家能超越常规思维，创造性地发现新生事物的崭新意义。由于机会是否有价值只有在事后才能知道，所以，企业家在事前洞察商机的能力就成为企业取得成功的关键。

现代奥地利经济学派认为具有特殊禀赋的企业家会成为企业理论的关键

因素。企业的产生源自企业家的想象和远见，企业的利润是执行企业家精神的产物，企业的运行主要得益于企业家的协调，企业资本结构的重组是企业计划的优化调整，企业的扩张是企业家主观计算的结果，而企业的生命周期则代表了企业家对未来预期变化的连续调整。企业家精神以及企业家的管理、组织才能是该企业理论的核心元素。强调企业家精神在企业成长中的重要性和不可替代性，坚持强调由于知识和企业家才能不同而造成的企业异质性，关注企业在完全不确定环境下的自我调整和能动适应能力，注重从市场过程的角度研究企业与市场非均衡的关系，并重视人为秩序和自发秩序之间的互动性，这些独到见解都为我们理解企业组织的性质和成长提供了一个颇具说服力的理论框架，奠定了它在现代动态企业理论中的地位。

第九章　技术创新开放度文献综述

随着开放创新理论的研究的深入，学者们引入"开放度"以探讨技术创新开放度与企业创新绩效的关系。经过对文献的梳理和归纳，本书从技术创新开放度的概念、度量及其影响因素等方面进行综述。

第一节　技术创新开放度的概念及内涵

关于技术创新开放度的概念及内涵，学者们主要从以下三个角度予以描述。

一、从企业利用外部资源的角度描述

Laursen 和 Salter（2004）在企业的技术创新中提出开放度的概念，从定量的角度视开放度为企业可以用于创新活动的外部知识资源的数量，并以此来衡量企业向高校搜寻资源的程度，开放广度是探索新知识的程度，开放深度是外部现有知识再使用的程度，认为广度和深度的联合可以评估一个公司搜索外部资源的开放度。后 Laursen 和 Salter（2006）又重新定义开放度是企业为了利用外部资源而在外部搜寻技术源的宽度和广度，认为开放广度是企业获取创新资源的渠道数量，开放深度是企业从不同的搜索渠道汲取及利用创意的强度。游达明和孙洁（2008）指出开放度的内涵包括两个层次，即企业将来自外部的资源融入企业，以及企业对来自外部资源所产生的依存程度。Lichtenthaler（2008）在定义技术创新开放度时包含了企业对外部技术源的收购范围以及对外部技术源的利用范围。Pe`nin（2008）界定开放度的准则是企业自愿对所有感兴趣的人公开知识的程度，因而被学者称为最严格的开放度的定义。此外，闫春（2012）认为技术创新开放度包括企业所有能够用于技术创新活动的来自企业外部的资源数量、企业内部非研发部门的

资源数量，以及企业内部与外部不同创新资源在企业开放式创新活动中的重要程度。

二、从与企业合作的外部组织（创新合作伙伴）的角度描述

Pisano 和 Verganti（2008）认为开放度应该体现在企业控制外部组织获得参与创新资格的能力方面，因而定义技术创新开放度是在利用合作网络进行创新时，企业愿意接受参与其所在创新的网络活动的创新合作伙伴的意愿程度；何郁冰与陈劲（2010）认为技术创新开放度是企业与创新利益相关者的互动协同程度。曹勇和李杨（2011）认为技术创新开放度是企业在创新中体现的对外部组织的接纳程度。Dahlander 和 Gann（2010）则认为技术创新开放度是企业对外部创新参与者的依赖程度，包括企业对建立了正式合作关系的外部创新参与者的依赖程度，也包括对非正式合作关系的外部的创新参与者的依赖程度。

三、从其他角度对技术创新开放度的描述

Knudsen（2006）将开放度定义为是企业和外部伙伴合作完成研发项目多寡的程度。唐方成和全允桓（2007）从知识共享及转移的角度，提出技术创新开放度是企业与创新合作伙伴之间的频繁共享知识的体现。此外，Lazzarotti 和 Raffaella（2009）认为技术创新开放度是一种连续谱，游离在完全封闭和完全开放的企业之间。于成永（2008）在研究企业研发模式一体化时，指出企业完全依靠内部研发的开放度和完全向外部组织进行技术采购的开放度是截然不同的，前者说明企业的开放度最低，后者说明企业的开放度最高。他定义开放度是企业技术创新时面对完全内部研发、与外部组织合作研发以及完全市场购买三种选择时的企业边界的开放程度。

第二节　技术创新开放度的度量研究

国内外学者们普遍使用开放广度和开放深度两个维度来度量（Laursen & Salter，2006；Lazzarotti & Manzini，2009；游达明，孙洁，2008；陈钰芬，陈劲，2008）。但在开放广度及深度的内涵及度量指标上却存在明显差异。

一、国外学者们的研究

国外学者大多用外部知识源的数量及合作者的数量来度量开放广度,用与外部合作的频率度量开放深度。Laursen 和 Salter(2006)实证研究的角度,认为开放广度是与企业合作的外部创新源渠道的数量(共列出大学、供应商、用户等16种创意来源渠道),与企业合作的创新源越多则开放广度越大,并得出开放广度在 0—16 之间;认为开放深度是企业从不同的搜索渠道汲取及利用创意的强度,在开放深度的测量上,则采用"0"、"1"二分法由企业判断并打分:企业认为高度使用外部创新源则打 1 分,其他情况则打 0 分,由此得出企业创新开放深度在 0—16 之间。显然,这种测量的方法既存在不完整性也存在较大的随意性。Lichtenthaler(2008)从企业战略出发认为开放广度是外部技术收购的范围,开放深度是对外部技术的利用范围;Lazzarotti 和 Raffaella(2009)利用外部合作伙伴者的数量来定义开放广度,开放深度是指企业对外部组织开放的阶段和数量;Dahlander 和 Gann(2010)认为技术创新开放度包含自我保护程度、外部创新源的数量以及企业对外部创新参与者的依赖程度。Simard 和 West(2010)区分了企业与外部网络关系的深度关系和广度关系以及正式关系和非正式关系,认为深度关系(正式关系)可使企业充分利用现有知识和资源,广度关系(非正式关系)可使企业探索到更多新的技术,最好的做法是将不同维度的关系融合到一起(见下图 2-5)(切萨布鲁夫,范哈佛贝克,韦斯特,2010;龚敏卿,肖岳峰,2011)。

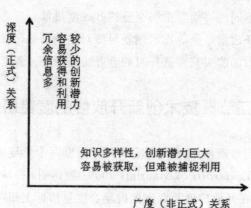

图 2-5 开放式创新企业间关系的性质

资料来源:知识网络和创新的地理轨迹,Simard & West,2010

二、国内学者们的研究

国内学者们关于开放度的维度划分略显丰富，出现开放广度、深度、久度及其他的维度划分。其中开放广度的内涵和国外学者差别细微，但开放深度维度却差异显著。陈钰芬和陈劲（2008）在实证中采用的开放广度指企业与外部合作的创新要素的个数作为衡量的指标，开放深度则采用企业与外部各创新要素合作的频率衡量；游达明和孙洁（2008）用外部创新源数量来衡量开放的广度，同时他们利用研发合作资金总量、人才流动密度指标来衡量开放深度；何郁冰和陈劲（2010）用企业与利益相关者合作的数量表示创新开放的广度，用与利益相关者的合作密切程度来表示创新开放的深度，以及用与利益相关者的合作时长分别表示创新开放的久度。

通过对已有文献中关于技术创新开放度的定义和度量方法的综述，曹勇和李扬（2011）得出结论，认为已有文献中关于开放广度及开放深度的度量范围远远小于其概念界定的范围。事实上无论是从创新资源数量、合作者数量抑或对外部开放的阶段的任一个，都未能描述出开放广度所应包含的范围，同样与创新合作者的合作频次也未能足以刻画开放深度的内涵。曹勇和李扬（2011）认为开放度的度量指标的单一性和不充分性造成度量的偏差，使开放度的表达准确性受到质疑，因此他们引入了组织模式等变量，认为技术创新开放度的维度包括外部创新源、组织模式以及知识治理维度。然而，Knudsen（2006）在逻辑推理企业开放度的影响因素时，展望开放度水平的影响因素研究必须覆盖三个维度：战略维度、经济维度及知识维度。因此，知识治理是开放度的构成维度还是开放度的影响因素值得商榷。

第三节　技术创新开放度影响因素文献

开放式创新并不是封闭和开放非此即彼的简单二元结构，受不同因素的影响不同的行业和企业具有不同的开放程度（曹勇，李扬，2011）。现有的文献对开放式创新模式下技术创新开放度的影响因素的研究主要集中于公司规模、吸收能力、创新知识的专属性制度等方面，研究方法多采用逻辑推理和案例说明，对开放度的影响因素的研究，还没有一致的结论，许多相关影响因素的作用还没能受到足够的重视，也没有得到更好的验证（陈钰芬，2007）。本书在对以前学者文献资料的阅读和总结基础上，归纳出目前学术界对技术创新开放度的影响因素的描述，大致分为以下几类。

一、企业家的影响

Stevenson 等（1990）认为，企业家精神即指企业的创业过程，是企业进行资源整合以开发市场机会的行为过程，或不需要考虑目前所掌握的资源情况而寻求机会。Zafirovski（1999）认为，企业家精神不是一种永久的状态，而是一项包含风险性和不确定性的短暂的活动，是促使企业家进行熊彼特式的破坏性创新活动。Ireland 等学者（2001）认为，企业家精神就是创造新资源，或以新的方式利用已有资源，以开发新产品并实现新产品的商业化，进入新市场，为新客户提供服务。Antonic 和 Hisrich（2000）认为，企业家精神就是在企业面临挑战时，以创造性的方法解决问题，包括改进现有产品的质量，提高服务质量，创造新产品，增加服务品种，引进新技术等。根据这一定义，企业战略变革、组织结构和体系的变化以及采用新的竞争方式等都是企业家精神的体现。蒙代尔（1999）认为企业家精神是组织的动力引擎，具备企业家精神的企业家才能够创新；企业家是天生的领导者，有能力预测供需的变化和市场风险，能够抓住机会，勇于冒险，实现目标。蒙代尔同时指出，企业家精神的培养不仅需要领导力、创造力、冒险精神等来自企业家自身的内功，而且，还需要社会营造一个有利于塑造企业家精神的社会文化环境。

二、环境因素的影响

创新范式的成功演进离不开组织所处的具体环境（杜晓静，2014）。环境动态性的增强是开放式创新得以产生的一个重要因素（陈文沛，2014），而随后快速发展的互联网作为一种共享平台，也对开放式创新模式产生巨大影响（布奇因雅克奎斯等，2008）。切萨布鲁夫等（2010）认为企业在进行内部研发前首先会扫描外部环境，如果能够从外部获取技术，公司就会选择直接利用它，企业则将内部研发的力量聚焦在那些不容易获取的技术上，或者是企业拥有的核心竞争力的技术上，以便通过这些技术来构造更优的系统和决策。Laursen 和 Salter（2005）分析了企业创新知识独占性制度对开放度的影响，发现在专利等法律行为不能很好地保护技术的情况下，企业只能通过自身行为对技术进行保护，企业特别是知识型小企业只好倾向于减少开放以保护自身技术安全，并且在经过更深入的研究后他们还得出知识专属权的保护程度与企业对外开放创新意愿成正比。Knudsen（2006）通过逻辑推导，认为对知识的专有性保护是影响企业开放度的两个核心因素之一。如果企业在某项交易中需投入的专属性资产较少，那么基于交易成本理论则认为该交易适合于通过市场从企业外部获取（Williamson，1987）。在信息技术的推动下，互联网的应用范围日益广泛，并深刻地影响了企业的技术创新方式。企业依托互联网平台通过跨越组织边界的互动机制，利用社会的分散式群体智慧，获取更多技术资源实现加速创新，是开放式创新发展的新趋势（杜晓静等，2014）。

三、企业技术特性的影响

Cho 和 Yu（2000）基于交易成本理论通过实证证明技术不确定性越高，企业主导的内部研发活动越多。侯广辉（2009）认为技术不确定性促使企业选择外部化或网络化，依靠外包、外购、联盟等合作方式能降低不确定性。实际上，合作研发与内部研发都是企业应对不确定性的策略，即当技术不确定性越高，企业既可能倾向于内部研发又倾向对外合作。如汤建影（2012）以民营企业为对象的研究就发现技术不确定性较高时，部分民营企业选择合作研发以降低风险分担不确定性，部分研发实力强的民营企业则基于获取成本及风险可控的因素而选择自主研发。不过，他同时认为当技术不确定性较低时，企业选择的策略往往是外部购买。Williamson（1987）曾从交易成本角度出发，认为如果某项交易具有较高的不确定性，则适合在组织内部进行。关联性技术对技术创新开放度有影响。Pavitt（1989）等人提出，技术关联的提升将促使更多的公司参与实施跨行业的技术多元化战略。那些处于技术发展前沿的、创新导向型企业有着更高的开放度。部件和产品的技术关联性增加了分工协作的需要（Schmidt & Werle，1992）。李纪珍（2004）在分析应用范围广泛的共性技术无人供给的现象时，发现共性技术关联性高的属性导致单个企业内投资创新意愿低下，从而必须组建技术联合体增强大学、科研机构及企业实体共同合作创新，来解决关联性高的技术开发问题。在产品及技术关联性强、技术应用性广和市场的变化剧烈的行业更偏好创新开放（Rigby & Zook，2002）。技术的模块性同样对开放度产生较大的影响。杨丽（2008）认为技术模块化造就了一个技术研发的开放系统，使得技术的设计规格及设计参数在研发时的独立性得到保证，技术的单模块创新更易进行，促进了企业间基于各单位模块的长期合作，加速了开放式创新的实现。

此外，Knudsen（2006）在对开放度水平的影响因素研究时认为还应该包含知识维度，即知识的互补及技术的可编码特性维度。随着技术知识隐性程度的增加，知识不确定性相应增加，在主体之间的传播、转移更加缓慢，即使能够传播也存在诸多问题并增加交易费用（Nonaka & Takeuchi，1995），使知识受让方获取及消化所耗费的成本更大（Grant，1996），甚至会给隐性技术的受让方在技术转移后的经营带来了极大的隐患，导致技术转移的交易失败（陈孝先，2004）。通常情况下，通过契约关系能够获取大部分的显性技术知识，有偿购买和与外部合作研发成为获取显性知识的有效途径（宋保林，李兆友，2011；樊霞等，2010）。为了保持技术上的竞争优势，处于价值链的顶端企业大都倾向于将核心技术隐蔽化（邹昊，2006）。

四、企业内部能力因素的影响

Kogut 和 Zander（1993）等人从战略和组织的观点进一步证实技术特征、企业能力特征决定了企业选择合作研发而不是内部研发、股权关系或外购等方式（Kogut & Zander，1993；Nagarajan & Mitchell，1998；Narula，2001），因此，企业的能力因素会影响企业开放创新的决策。Miotti 和 Sachwald（2003）认为企业高强度的研发投入会促进企业创新开放。同时，企业对外部技术的吸收能力也能促进企业的开放度（Laursen & Salter，2005），且与组织的开放度成正比（Laursen & Salter，2006）。Knudsen（2006）认为影响企业的开放度的诸多因素中必须包含有企业的能力维度，并通过逻辑推导，认为吸收能力是影响企业开放度的一个核心因素。游达明和孙洁（2008）根据企业开放式集成创新能力评价的网络结构分析图，认为在复杂的评价系统中，企业开放度和知识集成能力、创新产出能力和创新投入能力等各元素之间互相影响。基于企业间合作创新的日益频繁，企业可以依靠外部资源实施创新以弥补其内部研发人员及设备投入的不足，即企业可以选择从外部市场引进新创意、采取技术并购，以及通过建立技术网络展开合作研发等方式，获得更多的技术（Chesbrough，Vanhaverbeke & West，2006；Lichtenthaler&Ernst，2006；Laursen，&Salter，2006；Lichtenthaler，2009，2011）。当企业从外部引进新技术及新创意时，有时会受到来自企业内部研发人员的阻碍，特别是行业大型研发部门的存在会阻碍创意的进入（Teece，1986；Chandler & Hikino，1990）。当企业内部研发人员配置数量下降时，企业从外部引入更多的创新受到的阻力会随着研发人员投入减少而下降（Chesbrough，2003；Sakkab，2002）。当企业吸收外部的技术知识逐渐加强自身的技术知识水平，并实现新的技术突破之后，企业通常会减少与外部的合作以保证技术的成熟并获得技术的专有性（切萨布鲁夫，范哈佛贝克，韦斯特，2010）。在企业和外部组织的协同创新过程中，企业需要和外部组织进行交流、衔接和协作，以实现新知识的获取、吸收及再创造，这需要企业具备较强的能力才能实现（Laursen & Salter，2005；Chesbrough，Vanhaverbeke & West，2006；Lichtenthaler & Ernst，2009；Chesbrough，2013）。总体来说，企业具备的协同创新能力越强，越能够促进企业从外部吸纳更多新知识新技术，提升企业整合外部技术的能力实现技术的新突破（陈钰芬，陈劲，2008）。

五、其他方面的影响

企业所处行业性质、企业规模的大小。Rigby 和 Zook（2002）主要从企业运营的行业环境因素，来考虑企业是否适宜采取开放式创新模式，并认为处于不同产业下的企业采取开放式创新模式的倾向是不同的，企业所在行业的技术机会越丰富、市场的变化越剧烈越倾向于开放。Laursen 和 Salter（2005）认为制造行业中生物制药、机械和化学行业的开放度最高，相对传统的纺织、金属等行业的开放度较低。此外，企业规模与开放式创新密切正相关（Lichtenthaler & Ernst，2009），并影响着组织的技术创新开放度（吴波，2011）。

六、文献述评

作为衡量企业技术创新时的对外部开放的指标，技术创新开放度的研究取得了较大的成果，关于技术创新开放度的定义、技术创新开放度的维度划分及度量的研究方面也达到了相当的高度。对开放度与创新绩效的关系研究也取得了较大的进展。企业对外部资源进行搜寻和吸收，能促进企业缩短创新时间，发现技术机会，在与外部组织的合作中分担创新成本及风险，以提高创新绩效。但同时发现，企业在进行外部资源中存在过度搜索，会对企业的创新绩效带来负面影响（Koput，1997；Ocasio，1997），过度关注外部技术源会导致企业的创新精力分散、创新资源投入分散从而导致技术创新效果不佳（Laursen & Salter，2004；2005；2006；SaPienza 等，2004），与外部的合作会带来的核心技术的泄露风险（Laursen & Salter，2005）。企业甚至会因过多获取外部资源而对外部技术源形成依赖（SaPienza 等，2004；Johnsen & Ford，2000），特别是在关键技术上受合作伙伴控制（陈劲，陈钰，2008）。Laursen 和 Salter（2006）以外部创新源的渠道数量为广度，以及对外部创新源的获取及利用强度为深度的研究方法，深入分析了 2707 家制造企业的创新过程，分析并描述了创新绩效随着开放度而变化的动态特征，得出开放度与创新绩效的函数曲线关系符合倒 U 型特征。按类似方法的实证分析得出，中国的科技驱动型企业的开放度与创新绩效的关系也呈现这种特征（陈钰芬，陈劲，2008）。总之，国内外学者在技术创新开放度及其与创新绩效的关系研究方面取得了较大的成果，但仍存在不够充分的地方。

（一）技术创新开放度及其构成的定义繁杂，尚待进一步明晰。Laursen 和 Salter（2004）在企业的技术开放创新中引入开放度的概念，用来描述企业向外部高校搜寻资源的程度。此后这一定义被多次引用及延伸，开放度的内涵演变成为企业对外获取及利用创新资源的程度、对外部资源的依存程度、和外部伙伴合作完成研发项目多寡的程度、对外部创新参与者的依赖程度及对外部组织的接纳程度等多种不同内容的界定。因此，有必要对技术创新开放度做一个清晰明了的重新定义。据文献资料显示现有的实证分析采用的开放度定义是"从外部获取和利用资源的程度"；而其他的定义则大多为逻辑推理或演绎推导，未经实证检验，这和相关定义为"对外部组织的接纳程度，或对外部组织的依赖程度"中存在的与外部组织的关系难以度量有关系。同时，对于开放度的度量，上述文献仅从创新资源数量或合作者数量单方面描述开放广度，开放深度涵盖的定义及测量范围大多局限于合作频次，未能刻画出开放广度和开放深度的内涵。即开放广度及深度的度量范围远小于其概念界定的范围，度量指标的单一性和不充分性造成度量的偏差，使其表达的准确性受到质疑（曹勇，李扬，2011）。

（二）技术创新开放度的影响因素研究有待进一步深入。Laursen 和 Salter（2006）在研究开放度时实证得出，企业从外部环境进行资源的开放获取及吸收中存在一个"转折点（tipping point）"，即企业搜索外部资源吸收知识能促进企业的创新绩效，但越过转折点后则对创新绩效产生负面影响。切萨布鲁夫等（2010）认为企业在开放创新中的开放程度可能存在一个突破点；陈劲和陈钰芬（2008）认为存在一个开放的阈值；吴波认为存在一个最佳开放点（吴波，2011），过高过低的开放度都对企业的创新绩效不利。为了给开放度一个基础定义，knudsen（2006）研究了开放度的影响因素，通过对四个企业的访谈得出吸收能力及知识的专属性是影响开放度的主要因素。显然，现有文献对有关技术创新开放度的影响因素的探讨还不够充分。

（三）对影响两者关系的情境因素研究不够充分。企业从外部组织获取资源与企业创新绩效的关系会受到特定环境因素的影响，而已有文献中对情境因素探讨还存在一定的空间，现有研究大多采用英美等发达国家的大型集团或制造企业的样本数据，尚需展开对中小企业及发展中国家的实证检验。

小 结

本部分既是对企业的技术创新相关理论的总结回顾和评述，也是本书的理论基础。主要内容包括：

（一）回顾和分析了包括开放式创新的相关理论、技术的社会形成理论及技术的生命周期理论等。开放式创新相关理论认为企业应有意识地流入流出技术以加速企业的技术创新，获取和使用企业外部有价值的技术知识和技术创意是企业创造新价值的有效途径。创新企业应充分利用外部组织的新技术，以节省内部研发所需要的时间，降低创新风险，提高创新效率。通过技术的生命周期理论的综述，明晰了技术特性对企业技术创新开放度决策的影响。

（二）回顾和分析了相关的资源理论，包括社会资源理论、资源基础理论及其基础上发展起来的核心能力观、动态能力观及企业知识理论，从而对企业在开放创新时充分考虑创新资源的配置、技术知识的积累、显性知识及隐性知识管理以及组织能力等企业的竞争优势来源做了很好的回顾，进一步为企业的技术创新能力的研究做了一个理论铺垫。通过社会资源理论的论述回顾，阐明互联网对企业开放创新的影响。企业和对企业技术感兴趣的互联网参与者（包括组织与个体）进行反复协调、试错、反馈，能够实现不同知识领域的创意结合，并常常能够产生出全新的技术，从而获得技术上的突破。

（三）回顾了交易成本理论。通过归纳交易成本的种类及引起交易成本上升的原因，得出随着交易不确定性的提高及交易频次的增加交易成本会大幅增加，从而为找出企业技术创新开放度时决策的影响因素提供理论支持。

（四）回顾了企业家理论及企业家精神的内涵，以及企业家精神作为创新主导者对技术创新开放度的影响，得出企业家精神促进企业广泛与外界组织进行合作，以获取更丰富的创新资源，加快企业的技术创新，提升企业的创新绩效，从而极大地影响企业的技术创新开放度。

（五）对技术创新开放度的相关文献进行了回顾和分析，对技术创新开放度的概念、内涵及其度量以及开放度现有研究中存在的问题做了评述。并对影响开放度因素的相关文献进行了梳理和归纳，认为对开放度的影响因素主要有环境类因素、技术特性类因素、企业内部能力类因素及企业自身属性因素，从而为下一步的开放度影响因素的研究奠定了基础。

通过对相关理论及文献资料的回顾和分析，本书认为立足于技术创新开放度，并研究其影响因素问题能够进一步拓展开放创新理论，也是为企业开放创新提供实践指导的一个有效途径。接下来，本书将沿着这一思路进行理论推导与实证研究。

第三部分　研究问题：技术创新
开放度影响因素

在上述的论述中，我们了解开放式创新模式是企业适应新的动态环境下的新型模式，通过该模式企业能向外部获取所需的技术信息及资源从而加速内部的创新，并且技术创新开放度是影响创新绩效的重要因素。然而理论界对有关开放度问题的研究尚不够充分，本部分在文献整理的基础上将进一步明确研究的主题，包括对研究问题中的核心概念——开放式创新模式、技术创新开放度的概念进行界定，以规范研究的边界；重点论述本书所研究的问题及研究这个问题的原因，并给出研究这个问题的初步框架。

第十章　研究中基本概念内涵与界定

第一节　开放式创新模式的内涵及特征

开放式创新是在全球化大发展中专业人才国际化流动、新技术使跨地域合作成为可能、知识产权机构及技术交易日趋完善等背景下提出的，顺应了经济和社会发展的需求（Dahlander & Gann，2010），因而受到了众多学者及企业管理者的青睐。开放式创新模式下，研发被视为一个向外界开放的系统，外部的技术源第一次被提高到与企业内部技术源同等高度，企业应当有意识的向外部获取技术并将内外部技术资源进行整合以加速企业的内部创新（Chesbrough，2003）。West 和 Gallagher（2006）认为开放式创新总体而言是一个关于知识生产、获取及利用的框架，具体而言开放式创新则是企业的一种系统努力，目的是对内部及外部进行广泛的创新机会的搜寻，并且有意识地整合外部资源和内部创新资源，提升内部能力，最终充分利用这些资源以获取创新绩效。随着开放式创新理论的研究深入，学者们越来越意识到外部资源对企业创新的重要性，Lichtenthaler（2008）认为开放式创新是企业依赖于其内部动态能力的系统基础，搜寻、获取及整合外部创新资源贯穿于技术创新的整个过程，最终目的是完成企业自身的技术创新任务。陈钰芬和陈劲（2008）认为相对于传统封闭式的创新模式，开放式创新最突出的特点就是能够充分利用包括市场和技术信息在内的外部创新资源，陈钰芬和陈劲认为："开放式创新主要是通过获取外部市场的信息资源和技术资源，以弥补企业内部创新资源的不足，进而提高创新绩效[①]"。本书采用陈钰芬和陈劲（2009）对开放式创新所下的定义，认同开放式创新模式是企业通过各种方式获取外部市场中的信息资源和技术资源，以弥补企业内部创新资源的不

[①] 陈钰芬，陈劲 . 开放式创新促进创新绩效的机理研究，科研管理 . 2009，第 30 卷第 4 期：p1

足，进而促进企业创新绩效的一种创新模式。

开放式创新的特征体现于创新环境的开放性、创新主体的开放性、创新资源的开放性以及创意开发的开放性（West & Gallagher，2006）。相比此前的封闭式状态下的创新信息不畅，技术创新时间长，创新投入成本大，创新不确定性风险大，市场变化适应能力弱等特点，开放式创新模式下企业的组织边界是开放的，所需的新创意及技术资源能够从外部渗入企业，对企业的技术创新产生诸多优势，如获得异质性创新资源、减少创新研发时间、分担创新成本及降低创新中的不确定性风险等（Rigby & Zook，2002），因而能较大地帮助企业解决其所面临的资源数量、质量的制约和资源构成不足等问题（Das & Teng，1998）（封闭式与开放式创新模式的比较见表3-1）。

表 3-1　开放式创新与封闭式创新的比较

比较内容	封闭式创新	开放式创新
企业边界	封闭的企业边界	开放的边界，技术资源可以流入流出
用人理念	自己聘请最聪明的员工	需要借助外部聪明的人为企业所用
创意来源	主要来源于企业内部	充分利用外部创意源，并整合内部资源
研发方式	研发中所有步骤由企业全部完成	方式多样：自行研发或合作研发、技术授权、技术并购或技术外包等
合作态度	非合作	合作获取所需技术，向外输出闲置技术
优势来源	研发形成技术专利，市场垄断	快速实现技术突破，技术商业化转化获利
专利管理	严格保护，自行使用	多种管理方式：专利保护、专利授权、专利入股或专利售出
企业要求	自主研发能力强，技术知识积累丰富，资金雄厚	资源配置能力强，技术协同能力强，组织协调能力强

据相关资料进行整理

第二节　技术创新开放度的概念及度量

一、技术创新开放度的概念

作为衡量企业技术创新时对外部开放的指标，技术创新开放度的研究取得了较大的成果。Laursen 和 Salter（2004）在企业的技术开放创新中引入开放度的概念，用来描述企业向外部高校搜寻资源的程度。此后这一定义被多次引用及延伸，开放度的内涵演变成为企业对外获取及利用资源的程度、对外部资源的依存程度、和外部伙伴合作完成研发项目多寡的程度、对外部创新参与者的依赖程度及对外部组织的接纳程度等多种不同内容的界定。文献资料显示，现有的实证分析多采用的开放度定义是从外部获取和利用资源的程度；而其它的定义则大多为逻辑推理或演绎推导，未经实证检验。据Schmidt（2005）对加拿大创新调查数据库（CIS）的统计结果表明，他研究的样本企业中绝大部分企业进行开放创新的主要动机是接触及汲取外部新创意新知识。综上，本书以技术创新开放度为研究内容，定义技术创新开放度为"企业应用开放式创新模式从外部组织获取技术资源的程度"。

二、技术创新开放度的度量

本书借鉴已有文献中的研究成果，从创新开放广度和创新开放深度两方面来测度技术创新开放度，并基于技术创新开放度的概念来定义开放广度为"企业在技术创新中从外部组织获取技术资源的广泛程度"，定义技术创新开放深度为"企业在技术创新中从外部组织获取技术资源的深入程度"。

现有实证研究中开放广度的度量包括：列举 16 种创新渠道（如大学、用户、协会等），有合作关系计 1，没有则计 0，得出开放广度的分值在 0—16 之间（Laursen & Salter，2006）；列举 10 个外部创新要素（如领先用户、供应商等），有合作关系计 1，没有则计 0（陈钰芬，陈劲，2008）；列举 5 类外部创新合作机构（包括用户、竞争对手等），采用李克特 7 级量表打分（何郁冰，陈劲，2010）；列举 17 种创新来源（如行业协会、主管部门、竞争对手等），用李克特 7 级量表打分（闫春，2012）。显然，现有研究中国内学者的度量方法大体沿用了 Laursen 和 Salter 的方法，在开放广度的测量中只聚焦于企业获取外部资源的渠道数量的广泛性，对获取的技术资源本身的广泛性（如种类、数量），以及对技术资源获取方式的广泛性（如与外部组织合作模式）并未关注，采用上述方法并不能涵盖本书对开放广度所定义的"企业从外部组织获取技术资源的广泛程度"的内涵，因而，本书探索性地提出技术创新开放广度的度量至少应包括三个方面：获取技术资源的渠道数量的广泛性、技术资源获取方式的广泛性以及从外部组织中获取的技术资源的广泛性。

同样，文献中开放深度的度量限于企业与不同渠道的合作频次，测量时采用"0"、"1"二分法（Laursen & Salter，2006；陈钰芬，陈劲，2008）或李克特7级量表打分法，采用上述方法并不能涵盖本书对开放深度所做的定义的"企业从外部组织获取技术资源的深入程度"。按 Simard 和 West（2010）的建议，企业在开放式创新战略中，要考虑从广度和深度两个方面建立联系，并且获得创新优势唯一的方法是深入关键技术或市场（Simard & West，2010）。因而，本书探索性地提出技术创新开放深度的度量至少应包括两个方面：企业从外部组织获取技术资源的频度以及企业从外部组织获取的技术资源与企业所需核心技术的距离。

第十一章 研究命题

第一节 技术创新开放度与创新绩效的关系

在信息化和全球化环境下，知识的增长与扩散速度加快、技术与产品的生命周期缩短，企业技术创新压力增大，开始借助边界外的组织力量实行"开放式创新"，以获取更多的异质性技术资源、减少创新时间及分担创新成本。但随之而来，企业也面临着合作中的"开放的悖论（paradox of openness）"现象：既要依赖于开放创新策略获取知识，同时又要想办法保护自有核心知识不外泄或合作中自己创造出的知识不被侵占，以赢得竞争优势，即知识分享与知识占有的矛盾（lauren & salter，2005）。技术创新开放度与创新绩效的实证显示，不开放或低开放企业难以或较低享受外部先进的创意及技术知识，企业的创新绩效低；开放过度又因协调成本增加等导致企业的创新绩效下降（lauren & salter，2006；knudens，2006）。本书把企业这种在开放程度的选择时进退两难的状况命名为"开放的困境（dilemma of openness）"，认为企业只有通过权衡开放带来的正效应和负效应，才能解决企业的开放困境问题，即当开放正效应超过开放负效应时开放创新度的选择策略才是最佳策略。

一、开放创新带来的优势效应。开放式创新战略是一种通过整合外部知识和内部能力，保持竞争优势的创新战略（Sen & Rubenstein，1989；Kodama，2005；Huang & Rice，2009）。随着知识密集领域的竞争加剧，知识产生过程的科学技术和智力能力的结合通常会超越单个公司而产生研究上的突破（Powel，Koput & Smith-Doerr，1996），大量的企业转向与外部组织的合作以获取新的创意和新知识（knudens，2006）。

（一）满足企业对互补性资产或新知识的需要。从资源基础理论来看，单一的企业不可能拥有全部创新所需的专业广度，以及能够快速且低成本地把先进的产品带到市场,因而,获取企业所需的互补性资产或互补性知识是企业与外部合作的主要驱动力。如果所需的互补资产是必须的但不是专有的或特别的,企业就能够通过外部的合作伙伴来获得(Teece,1986)。对于大企业而言,除了获取互补资源或知识外,还可能通过合作获取或掌握新的知识和工艺(Rigby & Zook,2002;knudens,2006)。

(二)实现企业分摊高额的研发成本和风险的需求。开放式创新下的合作,使双方整合资源实现优势互补资源共享,既能分摊创新成本又能降低创新中的不确定性风险(Rigby & Zook,2002;Sakaibara,2003;Nagaoka & Kwon,2006;陈劲,陈钰芬,2006;Chesbrough & Crowther,2006;Lichtenthaler,2007;Van de Vrande 等,2009;Cheng & Huizingh,2010)。Schmidt(2005)通过加拿大的创新调查数据(CIS)的统计分析表明企业采取创新合作能够获得外部知识的流入、实现创新成本的分担、快速的商业化转化,并且能够实现产品规模经济给企业带来高的效应。

(三)达到缩短创新时间快速占领技术市场的目标。创新时间往往成为企业技术创新成功的关键因素,领先一步企业往往能获得技术垄断权进而占领市场,因此,研发企业必须在竞争对手之前抓住技术机会,并在技术机会窗口关闭前获得技术上的突破(Katila & Mang,2003)。出于时间因素的考虑选择与外部组织合作以快速获取所需的技术资源或知识,快速实现技术的创新成功。有学者揭示出技术机会的最早发现者往往能够通过与外部组织的合作获取资源并能最有效地加以利用(Mitchel & Singh,1996)。与外部的合作能缩短技术的开发周期(Lichtenthaler,2007;Rigby & Zook,2002;Nagaoka & Kwon,2006;Cheng & Huizingh,2010),奥康娜认为企业获得的外部技术能潜在地减少一项根本性创新的开发时间,使得更多的根本性创新产品能获得更好的发展(切萨布鲁夫,范哈佛贝克,韦斯特,2010)。自从有了互联网,所有行业的战略周期、产品周期、技术周期都在急速地缩短,企业需要快速的套现能力和快速反应能力(加里等,2008),而合作可以依靠技术及资源优势互补,缩短创新时间,因此时间成本是企业与外部合作的重要考量之一。

此外,对外部组织开放引入外部创意及知识,对企业的研发人员会产生积极的影响。一方面通过向外部获取新技术,有利于打破组织旧格局形成新的组织创新文化,增强企业内研发人员的危机感和压迫感,正面强化员工的积极创新行为;另一方面引入新的技术知识及创意,有利于激发企业内研发人员的灵感，激发其产生新创意实现企业技术的二次创新，使企业内部研发人员的创新能力和知识水平得到大幅度的提高，有助于企业创新绩效的提升。

近来的实证研究反映了企业不仅与外部联接的数量增长，由与外部组织的战略联盟驱动带来的收入的占比也在增加（Heimeriks & Van den Besse-laar，2006）。在对英国创新数据进行实证研究后，Monteiro 等（2011）得出了企业正式及非正式获取外部资源都正向影响企业创新绩效（郭宇钊；2013）。Caloghirou 等（2004）对欧洲企业的研究表明，采用市场获取的方式获取信息知识或技术资源能提高企业的创新绩效。此外，包括 Lee 等（2012）、袁健红和李慧华（2009）、陈衍泰等（2007）等在内的众多学者的研究，都支持了企业从外部获取资源能够正向促进企业的创新绩效（张峰，2012）。

总之，向外部开放并从外部组织获取创新资源，能够帮助企业接触并进入新的知识领域（特别是获取互补性知识），提高创新管理能力解决企业中的创新问题，并促进企业专注于自身的核心能力的培养，加快对市场响应的速度及高额的创新成本的分担（Haour，1992），从而给企业带来技术创新的高绩效，这一层含义我们可称之为"开放正效应"。

二、创新开放及开放负效应就像硬币存在正反面，创新的对外开放给企业不仅仅带来正效应，对外开放也会给企业带来负面问题，Koput（1997）曾经从吸收能力问题（获取创意数量太多无法管理和吸收）、时间问题（利用资源的时间点错误）、以及注意力分配问题（企业只能对少量创意配置资源）三个方面来阐述获取外部资源产生的问题，并认为外部资源获取与企业绩效之间呈现出并非简单的线性或正向关系。已有学者提出对外部资源过度搜索和获取即采取过高的开放度会对企业的创新绩效造成负面影响（oca-sio，1997；Laursen & Salter，2006；De Clercq & Dimov，2008）。

（一）获取成本及交易成本的增加影响创新绩效。首先，企业从外部获取资源，节约的是部分研发成本，但付出的是技术的获得成本。为了弥补技术拥有企业的技术创新成本及激励创新者的持续创新，技术的转让或授权都是基于特定的代价，企业与外部组织合作获取技术创意或知识应该承担必要的获取成本，特别是排他性的专有技术的获得代价要远高于技术拥有企业创新时的成本。因此，企业过多依靠向外部获取的创意及资源的方式进行技术创新，其支付的高昂的技术获得成本势必使创新绩效受到较大的负面影响。

其次，据交易成本理论，企业在与外部不同组织的合作创新中，为了维持与外部组织间的良好合作关系，企业不得不在合作模式、合作契约制定、合作人员分配、合作研发项目讨论以及违约诉讼等方面投入大量的人力及财力，从而给企业增加大量的搜索、议价及协调成本，且这种成本会随着合作伙伴的越来越广泛（即开放广度的增加）以及交易频次的增加（即开放深度的增加）而迅速升高（Henkel，2006；Lichtenthaler，2009；Boudreau，2010）。De Clercq 和 Dimov（2008）通过纵向研究 200 家美国风险投资企业，得出一方面企业通过与外部主体的合作获取更多的技术机会及资源提升创新绩效，另一方面由于过多外部主体的加入则会导致大量的交易成本（协调成本、谈判成本、监督成本等）增加，使创新的边际利益递减。此外，Faems 等（2010）考察了 300 多家比利时制造企业，并探讨了企业因为采取开放创新模式，而带来的价值提升和成本增加对企业财务绩效的影响，证实了技术联盟的多样性有助于提高企业的产品创新绩效，但财务绩效也会因成本增加而受到较大的负面影响，并使短期内成本增加的幅度超过价值提升的幅度。

（二）企业的资源及注意力分散导致创新效率下降。基于企业注意力理论（attention based theories of the firm）认为管理者的注意力是组织内部的稀缺资源，注意力的配置特别是企业对特殊行为的注意力配置是解释企业能适应外部环境的变化及引进新产品和新工艺的关键因素（Ocasio，1997）。按照这个观点，企业决策者为了达成持续的绩效战略而需要聚焦他们的能量、努力及感知于有限的议题。Koput（1997）认为企业决策者的注意力限制了企业对获取的外部创意的利用使得创新绩效下降。Laursen & Salter（2005）认为外部资源的搜索过程不仅仅是扫描与筛选的过程，还包括吸收的过程，因此过多的搜索与获取外部资源（即开放广度过度）会引发企业的管理产生问题，出现消化和吸收障碍，也会因投入分散而效果不佳（Laursen & Salter，2005；2006）。为保持与外部资源的深度交互，企业不得不构建一种易于双方理解、分享的合作模式，这需要企业投入大量的内部资源及注意力，如果企业太依赖于外部组织（即开放深度过度）则企业会因不得不支付高昂的成本而影响创新绩效。

（三）企业在合作中知识产权或技术创意易被扩散、泄露，创新收益被合作方所侵占盗用，从而对企业的创新绩效产生较大的负面影响。采用开放式创新模式的企业，在与外部的合作中不可避免的大量的实验研究等会加速知识的转移，合作中的知识分享也难免会超过合作范围导致自身的专有性技术不能很好地得到保护（kundens，2006），而给企业带来核心技术的泄露风险（Rivette & Kline，2000；Laursen & Salter，2005，2006），从而失去企业"皇冠上的珠宝"（Kline，2003）。当企业与过多的外部创新主体进行合作时，除了增加协商成本，失去控制或难以获得合作中产生的创新收益外，还有可能面临自己创造的技术知识或创意被复制被侵占的风险（Henkel，2006；West & Gallagher，2006；Lichtenthaler，2009；Boudreau，2010）。学者 Heiman 和 Nickerson（2004）曾提出采取宽的交流渠道及对技术加密编码以提高复杂性的方式来防止技术流失，但这样又增加了合作的难度和成本。

（四）关键技术受到外部组织的控制和约束从而影响企业创新绩效。依靠从外部获取技术信息及资源，企业在短期内可以弥补企业的自身技术的短缺问题，但长期而言，企业如没有实现技术的二次创新或未能拥有自己的核心技术，则易对外部技术源形成依赖（SaPienza 等，2004；Johnsen，Ford，2000），在开放深度达到较高的程度时，企业在关键技术上易受到合作伙伴的控制（陈劲，陈钰，2008），失去议价能力影响企业绩效。甚至丧失自身研发技术的动力及失去技术赶超的机会，容易陷入"落后－引进－再落后－再引进"的恶性循环，给企业带来长期的发展隐患。

此外，向外部获取技术资源的机制应用不当可能会对企业内部研发人员的积极性产生负面影响。企业向外部获取技术创意及知识，容易使内部研发人员产生受冷落之感，部分研发人员可能失去创新的积极性，高端研发人员容易流失，其余内部研发人员可能产生抵制获取的外部知识的态度，阻碍外部知识与内部知识的整合及再创新（Lichtenthaler & Ernst，2006），出现 1＋1 为 0 甚至为负数。

总之，企业向外部组织开放也会影响企业的创新绩效，出现创新管理成本及协调成本过高、资源配置分配效率低下及技术泄露等负面影响，这一层含义我们可称之为"开放负效应"。

第二节　研究问题：影响技术创新开放度的因素

企业在对外部组织开放获取外部的技术资源或知识时，开放正、负效应会同时存在并对企业的创新绩效发挥作用。随着企业对外部开放程度的加强开放正、负效应对创新绩效发挥着各自不同的影响。研究表明企业由不开放转向开放，由低开放度转向高开放度的过程中创新绩效呈现净增长的趋势，但当开放度持续增高转向为过度开放时，企业的创新绩效呈现负增长的趋势（如下图 3-1 所示）。

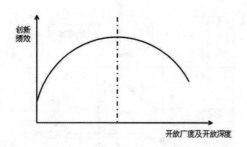

图 3-1　开放广度、开放深度与创新绩效的关系

资料来源：Laursen & Salter, Strategic Management Journal，2006

对企业而言，采取开放式创新的目的是为了获得高于封闭式创新的创新绩效，本书认为上述因开放对企业产生的正、负效应的分类更有助于评价开放度对创新绩效的影响，即开放正效应大于开放负效应时的开放度才对企业有意义。企业开放度为零（不开放）时，企业只能获取封闭式创新状态下的绩效；当开放度低时，企业合作的外部组织数量较少，合作中的管理、协调成本较低，合作的技术种类及新品不多，资源分散现象并不明显，技术上也不易受控制，开放的正效应大于开放的负效应（即开放的边际收益大于边际成本），企业获得高于封闭状态的创新绩效；当包括广度和深度在内的开放度逐步上升，企业为保持更多的合作关系而付出更高的交易成本（包括技术获得成本、管理成本、协调成本及维权成本等），获取外部资源过多引起企业资源配置效率低下，同时因合作频率更高及合作涉及关键性技术模块造成泄密风险的可能性更高，开放的负效应迅速增加，并大于开放正效应，即开放的边际收益小于边际成本，企业的开放创新带来的绩效趋于下降。如下图 3-2 所示，横轴 A 点至 B 点间的位置为开放正效应大于开放负效应，边际收益大于边际成本，开放式创新给企业带来的绩效远超出封闭式创新的绩效；B 点位置为企业采取开放式创新后实现的最高创新绩效状态，此时开放带来的正效应最大而负效应最少，因此 B 点处可以理解为是最佳的开放度状态；B 点至 C 点间的区间为企业持续增加开放度，开放负效应迅速增加，企业开放式创新带来的绩效逐步下降；C 点位置为企业开放式创新过程中开放带来的边际成本与边际收益相等的位置，此时开放的创新绩效与封闭的创新绩效相似；超过 C 点（被称为开放过度）的位置则预示着企业在开放过程中获到的负效应远大于正效应，开放带来的边际成本大于边际收益，对企业而言此适当降低开放度才是更好的选择。

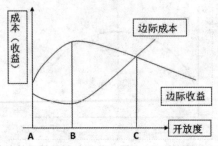

图 3-2 开放度与创新成本（收益）的关系

据上述分析，企业只有在特定的开放度值（如上图的 B 点处）上才能达到最佳的创新绩效。然而，如果仅仅停留在笼统地分析开放度应具有适度水平才能对绩效有效激发的层面上，对于进一步解决开放度问题没有任何实际指导意义。Knudsen（2006）认为存在大量的因素影响企业获取外部知识源的可能性（开放度），只有对这些影响因素进行总的理解才能提供一个基础来定义最佳的开放水平。因此，本书的研究焦点便集中于什么因素影响了企业对技术创新开放度的选择。为了回答这个问题，我们有必要对影响因素进行提炼及分类。

第十二章　技术创新开放度影响因素提炼

依据影响因素来源，技术创新的影响因素大致可被划分为三类，即企业外部因素、企业内部因素和其他因素（冯晓莉，2005）。技术创新开放度是企业为实现技术创新而向外部获取技术资源的程度，其影响因素的讨论也可以从这三个方面来分析。开放式创新模式下至少存在合作的两方：一方提供技术和创意，另一方使用技术和创意（Chesbrough，2006），那么从开放创新实现的角度看，至少要满足以下几个条件：存在某项具体的技术或创意，该技术或创意的所有者愿意向市场提供，该技术或创意的需求者能够支付得起转让成本，技术和创意能被需方利用吸收，以及存在一个交流合作的场所（或渠道）。

对技术获取企业来说，影响上述条件的因素也是影响其从外部获取资源的因素，主要归纳为：①环境因素。强有力的专利制度会刺激技术所有者外部授权的意愿（Gallini，2002），增加技术及创意市场的有效供给，从法制层面保障了技术交易供需双方的权益；互联网的发展为技术供需双方提供了沟通信息和交流合作的场所，拓宽企业获取所需技术或创意的渠道。因此技术获得的法制环境和网络环境共同构成影响企业向外部获取技术的主要的环境因素。②技术因素。作为技术创新的主要对象，技术本身的属性决定了企业通过市场获取的难易程度，如技术的隐性或显性程度；技术的属性也决定了企业获取成本的高低，如成长期和衰退期的技术获取成本的差异性等，因而，技术本身的特性是影响企业向外部获取的程度的一个重要因素。③企业内部因素。企业对获取技术资源的评价、获取及利用吸收程度取决于企业具有的对获取的外部技术及创意的处理能力，涉及企业内部创新基础性要素的优劣以及其整合效率，即企业内部的创新能力的强弱影响企业向外部获取的程度。④企业家精神的因素。企业家强烈的创新驱动因素促使企业的不断创新，富于进取的企业家精神的企业家更能在与外部组织的合作中获取更多更广泛的创新资源从而促进企业的开放创新取得更高的创新绩效。

综上所述，技术创新开放度是企业为实现技术创新而向外部获取技术资源的程度，企业技术创新开放程度既取决于创新时技术的特性、内部创新能力，同时又依赖于外部获得环境，并且这几方面都不可能独立地发挥作用。因此，我们初步认为可以从三个方面展开：一是外部环境（主要是企业外部环境）的因素，即探讨法制环境和网络环境给企业的技术创新开放度的选择带来的影响；二是从创新对象技术的特质（主要是技术特性）出发，研究为什么不同的技术会导致企业的技术创新开放度的不同；三是从企业自身的能力特质（主要是企业的技术创新能力）出发，研究为什么不同的企业会选择不同的技术创新开放度。

在上节开放带来的效应分析中不难发现，企业在开放创新中考虑的主要要素有创新成本、创新不确定性风险、创新时间、资源的配置、知识的获取、竞争优势及创新收益等。其中，开放正效应体现在研发成本的分摊、创新风险的降低、新知识的接触与获取、创新时间的缩短、对市场的快速反应；开放负效应体现在技术搜索成本、技术获取成本、协调谈判成本、监管成本以及组织管理成本的增加，资源配置分散，技术交易风险，技术受控及泄密等。我们将以此为基点，以社会资源理论、技术的生命周期理论及资源基础理论等为依托，提炼出技术创新开放度的影响因素构成维度。

第一节　企业家精神因素

2003年亨利·切斯布洛提出开放创新模式，明确指出20世纪80年代的"封闭式创新模式"已不能适应新环境的需求。实证发现，企业技术创新开放度与创新绩效的曲线关系符合倒U形特征，即企业技术创新开放度的高低影响企业的创新绩效。然而，少有从企业内外因素的视角研究合理的技术创新开放度。作为创新的投资者和管理者，企业家特质（或企业家精神）是影响技术创新开放度的主要变量。创新源自实践，企业家精神是创新实践的精神，创新模式的转变与应用作为一种创新需要企业家精神来实践，因此，探讨开放创新模式在中国企业中的推进，应关注企业家及企业家精神的特性及其在该模式中的能动作用。

中国经济发展进入创新驱动的发展阶段，越来越多的企业应用开放式创新模式整合内外部资源、开发市场机会（Chesbrough，2003）。企业家精神所具有的特质也由竞争性、节俭性等内容，转向开放性、创新性等特质（靳卫东等，2008）。近年来，中国企业开放创新取得较大成功，如中车集团与西门子等企业合作在高铁核心技术上取得重大突破；华为科技通过开放创新研发出具自主知识产权的麒麟芯片等。总结这些伟大的企业具有的共同特点：①创始人或管理者对开放式创新表现出前所未有的重视；②技术突破过程中合理把握了开放度，即与外部积极合作创新，又实施引进消化吸收后再创新。作为创新的推动者和管理者，企业家及其精神是影响技术创新开放度的能动性因素，因此，探讨企业家精神特质对企业的技术创新开放度的影响等问题，既可以丰富现有的理论，又为面临开放创新两难抉择的企业提供指导。

开放创新模式实现的前提是两个或两个以上的企业合作——至少有一个企业进行创新同时至少有一个企业应用创新成果，才能共享技术知识和资源，实现相应的创新收益。在该模式下，技术创新开放度是企业在开放创新过程中与合作伙伴共享知识和资源的程度。因此，具备创新精神、擅于合作的企业家将适合采取广泛的、长期的、更深入的开放创新。竞争精神强且勇于冒险的企业家会弱化与外部环境与组织的合作。从而认为影响企业技术创新开放度的企业家精神主要是创新性、合作性、竞争性及冒险性。

第二节　企业外部环境因素

企业应用开放式创新模式从外部渠道获取技术资源，依赖于（新）技术资源的供给市场、引进新技术的成本及市场获得的可能性。技术创新理论的先驱 Z·格里列希斯认为当市场上新技术的供给量较大，并且该技术的获得途径较为容易，该技术自然就能获得较快推广。作为一种特殊的商品市场，技术供给市场的完善需要知识产权法制的保驾护航，只有当知识产权制度能够满足开展创新活动所必需的专有性安全性要求，使创新者能够从其技术的交易中获得收益，才能保证外部创新的有效供给（West & Gallagher，2006），从而帮助有价值的技术所有者出让或交换创意和技术（Chesbrough，2010），也为交易中的技术知识购买企业提供法律保障，使其不因技术上的弱势地位而遭受不合理的损失，并避免或减少企业从外部获取技术资源的交易风险带来的负效应。互联网的发展及应用，使企业组织边界无限延伸，提高了企业与不同渠道的创新参与者的沟通效率。以社会资源理论看来，网络中的广泛的弱链接使得企业能在短时间内获取的技术创意及资源更为丰富且成本低廉，开放创新产生的交易成本如搜索成本、信息成本、协调成本大幅下降，开放正效应显现且负效应可控。因此，初步分析法制环境和互联网网络环境会对企业技术开放度的决策产生影响，进一步分析如下。

一、技术知识保护力度

作为企业技术获得的法制环境因素，技术知识保护力度不仅包括对技术知识产权制度的建立健全，还包括技术知识保护中执法的严格程度。技术知识产权是指人们对在工业、科学等领域创造的以知识形态表现的成果并依法应当享有的民事权利（吴贵生，2000）。技术创新与知识产权制度是双向促进关系：技术创新推动了知识产权制度的建立和完善；同时知识产权制度激励了技术创新（戴强，2006），即对包括专利在内的知识产权的保护是法律赋予专利所有者的特定时期内的垄断权，使产权人可以通过授权、转让等方式收回此前耗费的研发成本及获得相应收益，形成一个创新的良性循环链，即投入创新—专利获利—再投入创新—再获利，以此激发技术创新主体持续进行创新。

技术知识产权保护的主要目的是保障产权所有者的利益，并给模仿者增加壁垒，使其在一定期限内不能轻易复制和有效使用智力资产。在 Teece 等人（1997）看来，如果一项技术或知识很难被模仿，如专利被很好保护，则说明技术知识的专有性（appropriability）很强。通常强有力的专利制度会刺激外部授权的意愿，与程度更高的开放式创新直接相关（Gallini，2002）。而当知识专有性低时，创造知识的企业会选择远离外部合作者从而影响企业技术获取的开放水平（knudens，2006）。Fitzgerald（2003）在对软件企业研发外包的案例研究后认为，软件研发外包企业的知识产权存在较大的被窃取的风险，其主要原因是由于法律保护或执行不力。当知识产权能够满足开展创新活动所必需的专有性及安全性要求，确保创新者能够从其拥有的技术或专利的外部供应中获得收益，才能保证了外部创新的有效供给（West & Gallagher，2006），这意味着良好的知识产权制度帮助很多拥有有用知识的企业交换创意和技术（切萨布鲁夫，范哈佛贝克，韦斯特，2010）。技术知识保护的相关法规也为技术购买者提供法律保障。开放创新情境下，企业通过加强与外部的沟通和合作，从外部获得技术创新及技术资源，与之配套的技术知识保护的法律制度及其严格执法必不可少。

二、互联网资源易得性分析

互联网的本质是一个自组织系统,具有开放、远离平衡态、随机涨落及网络内各要素间的非线性相互作用的特点(高亢,2013)。基于此,互联网网络呈现开放性、自主性、交互性、信息传递等多媒体特征,吸引了全人类的热情参与,互联网成为一个巨大的资源库。以互联网为平台、整合互联网的技术资源,共享全球人的智力资本、提升技术创新效率,已成为开放式创新模式新的发展方向。互联网的去中心化特性,使得任何人都可以在网上发表自己的创意,信息逐渐变得免费——人人都能得到同样的版本(克里斯,安德森,2009)。通过互联网,企业可以将所需技术指定给专业的组织——技术外包(outsoureing,即将技术转给互联网上相对专业的组织),也可以依靠非特定的互联网用户——技术众包(Crowdsoureing,即将技术转给互联网上非特定的大众网络用户),甚至可以寻找互联网的威客(Witkev,即帮助企业解决技术难题并获得收益的人)来解决技术上的难题(惠新宇,何亮坤,2011)。只要企业愿意,世界都能成企业的研发部(Tapscott & Williams,2007),全球的聪明人(数以亿计的包括工程师、设计师等在内网络参与者)都将是企业的创新源,都可为企业所用。由于互联网能够直接打破时间和空间界限,提高企业与创新参与者的沟通效率,极大地降低创新协作成本。基于此,本书认为互联网资源易得性是影响企业对外开放度的网络环境因素之一,并定义互联网资源易得性为企业利用互联网获取技术资源的便捷程度。

三、与互联网参与者的交互性分析

互联网技术的发展及信息标准化的实现,使得来自不同地域的网络源头的信息资源也能够快速而便捷地进行内容的集成和有效整合,用户参与企业的创新在互联网时代得到了鲜明体现(赵夫增,丁雪伟,2009)。随着维基、谷歌等门户网站及微博、微信等社交网工具的应用,网络参与者对互联网的黏性不断增强,不仅仅是信息和知识的接收者,还是信息和知识的传播者和创造者(惠新宇,何亮坤,2011),更是成为体验企业新技术新产品参与企业技术创新的重要来源。本书认为:互联网网络的参与者是创新者。这个观点引申自 20 世纪 70 年代由 von Hippel 提出的"用户是创新者"(von Hippel,1989;1998;2005)的观点。用户创新(user Innovation)是指用户出于利于自己的使用为目的等，在对其所使用的产品或工艺的创新中，提出的新设想以及对产品生产商提出的改进建议或意见（吴贵生，2000）。来自 IT 等许多领域的经验研究证实，用户对企业的创新项目有着非同寻常的贡献，通常起着发明者或合作开发者的作用（Hvrstatt & Gcmucndcn，2006）。开放式创新模式下，借助互联网技术发展而创造的互动环境和交流空间，企业与用户间的交往互动逐步向网络世界延伸，并随着网络世界的参与者种类的增多，互动的对象走向广泛性，企业可以摆脱合作对象狭窄性带来的技术受控制的风险。包括企业用户、潜在用户、技术拥有者（威客等）、技术爱好者（含组织或个人）在内的互联网参与者都可以成为企业的创新源。只要他们有意愿和能力，这些互联网参与者可以突破地理边界及组织边界，冲破身份及任务等约束，成为企业开放式网络创新平台上的创意贡献者和创新参与者（杜晓静等，2014）。企业可以有意识地构建以自身为中心的网络平台，将内部的技术信息和资源与网络资源相连，利用从网络上获得的技术资源，以及网络上群体间对创新技术及产品达成有效性的共识而最终实现技术创新。因此，本书认为与网络参与者交互性能影响企业的开放度，并定义其是企业通过互联网与网络参与者进行高频度的交互以获取技术资源的可能性。

四、互联网技术交易风险性分析

对信息的数字化处理技术，使得虚拟的互联网呈现出许多现实的功能，人们在虚拟的网络世界里拥有着类似现实中的人际交往、资源交换、支付购物等活动。所不同的是，网络交往及互动只依托于网络技术提供的信息平台上的一种功能的实在性，而并不具有物理实体和时空位置下的实体性和可感性，同时，实际中的可触摸的外在形态及可察觉的时空位置也不复存在（吕玉平，2000）。在这种人际间交往的超时空性、虚拟性及无规范性使网络用户的交流对象充满不确定性，进而形成各种以群体形式存在的网上群落，这些群体不用建立有形的或正式的真实机构，每个人都是群体关系中的一个普通节点，带着各自的感知、需求和动机进行交往互动（程乐华，李金养，2002）。这样的网络互动中，参与者没有现实社会中地位、关系等所带来的束缚，交往更具平等性、自主性和选择性，交往中产生的信任具有极大的不确定性，信任谁或者不信任谁不会受到外在的压力。参与者基于信任或非信任的变化随时会采取行动来发展或者终止互动关系（白淑英，何明升，

2003)。因而，网络空间的高虚拟性及低约束力造就互联网存在大量的虚假信息，易给使用信息的企业带来潜在风险。对企业而言，互联网是一个巨型的智力资源库，也是一个充斥大量虚假信息的载体，通过互联网获取技术知识充满着各种阻碍和风险。本书所指的互联网技术交易风险性是企业通过互联网平台进行技术交易所承担风险的可能性。

第三节 技术特性因素

在技术的生命周期理论看来，技术的发展过程符合"S"形曲线规律。技术在不同阶段时，投入成本、市场风险、技术稳定性、专利管理、技术标准的形成等方面都存在差异，这一特性使得企业在取得技术的过程中，会产生程度不同、性质各异的交易难度和交易成本（姜红，2008）。在技术的萌芽期，参与技术研发的企业数量较少，创新企业投入的创新资源较大，技术发展的不确定性高，创新风险极大。交易成本理论认为，交易中不确定性的增加，导致交易成本上升，此时的企业从外部获取技术资源的成本高昂，开放带来的负效应显著。随着技术逐步向成长期、成熟期至衰退期发展，技术市场供应量增加，企业从外部获取所需的新技术的成本、风险逐步下降。此外，技术的模块化特性能减少产品的复杂性，既降低了研发及设计时间，也使产品设计时对其他模块的依赖较小，从而分模块设计、生产可以独立同时进行（顾良丰，许庆瑞，2006），大大提高了产品多样化创新的效率（Baldwin & Clark，2003），并大幅减少技术合作中的泄密风险，开放带来的正效应显著。因而，本书认为技术特性会影响企业采取不同的技术创新开放度。

技术特性是技术本身所固有的属性和特点，包含的内容丰富。Teece（1996）探讨了不同的技术知识特质对组织创新的影响，认为技术的特性主要表现为技术路径依赖、知识累积本质、技术不确定性、不可逆性、技术关联性、内隐性以及不可专有性。姜红认为技术的特性包括隐含性、复杂性、累积性、不确定性、网络延伸性等内容。樊霞等（2010）提出技术特性包括技术的复杂性、技术的成熟性以及技术的隐性三个维度。技术的特性也包括多元性、隐含性及关联性等（邹昊，2006）。此外，模块化技术是一种关于产品的特殊知识，使产品得以有效分解、重组与升级（何大军等，2009）。模块化技术是产生破坏封闭式创新环境因素的根源，它使创新人才更易流动、企业间的长期合作成为可能（杨丽，2008）。李平和陈红花等（2014）

认为技术特性包括技术不确定性、技术关联性、技术可模块化程度及技术可显性，并通过实证验证其对技术创新开放度产生较大的影响。基于以上的论述，本书从技术特性的角度考察影响技术创新开放度的因素，并选用技术不确定性、技术关联性、技术可模块化及技术可显性四个维度进行更深入的剖析。

一、技术的不确定性

在创新环境的不确定下，技术不确定性（Technological Uncertainty）主要是指企业对新技术或新产品的研究及开发难以进行准确预测的程度（李平等，2014）。对于技术的不确定性，刘明明（2011）认为主要表现在企业在研发新技术时对该技术发展的时间进度、发展的路径选择以及能否达到期望结果的不确定性。侯广辉（2009）认为技术的不确定性将伴随着技术发展的整个过程。当某项技术处于研发初期时，处于高度不确定性状态，主要表现为不能把握创新成功所需的时间及所需要的资金投入。技术不确定性还表现在对于实现最终目标的技术路径难以决定，包括实现最终目标的最佳技术路径难以确定；研究开发出来的技术能否为企业所需；以及是否能被商业化转化（姜红，2008）；甚至当市场原有技术被大量模仿或即将被新技术替代时，技术不确定性也同样存在（Robertson & Gatignon，1998）。

技术创新的不确定性存在于创新主体组织内部的创新性活动之中。此外，技术创新的不确定性还存在于其不断演化的动态环境之中（吴永忠，2002）。从技术的生命周期理论出发，不确定性高的新技术往往处于创新周期的初期（产生期），处于该时期的技术及市场处于不稳定阶段（福斯特，梅特卡夫等，2005），随着技术向成长期及成熟期的过渡，技术的不确定性在减弱。技术不确定性提升了企业技术创新的不确定性程度，但也给企业带来了获得垄断利润的机会。Knight（2012）认为不确定性越大的领域内蕴含的商机越多，即他将不确定性视为生成利润的基础。特别是新兴技术的技术不确定性具有可获利性特征，是企业利润的来源（刘炬，李永建，2005）。合作研发是企业应对不确定性的策略，即不确定性较高时，企业既倾向于对外合作研发以降低风险分担不确定性，当技术不确定性较低时，企业倾向于外部购买（汤建影，2012）。因此，本书认为技术的不确定性是技术特性中影响企业开放度的选择因素之一，并定义其是在复杂多变的技术环境下，企业不能对其新技术的研发进程及结果进行准确预测的可能性。

二、技术关联性

技术关联特性（Technolohical Relatedness）是指技术创新过程中技术具有的产生相互作用、相互影响、相互补充的特性。技术的关联性特征在某种程度上反映了技术的跨行业的实际用途，关联技术应具有整体性和一致性，以便具备兼容相关产品的广泛基础（邹昊等，2006）。关联技术还被认为是组织整合在不同时点所采用的技术以产生综效的可能性（陈禹辰，李昌雄，2000）。在知识经济下，交易和协作活动都具有技术关联性（哈罗德，1993）。当一项或少数几项突破性的新技术出现后，沿着这项新技术进行研发会延伸出一系列的技术发展路径，从而创造出一系列的技术发展机会，最终涌现出更多的纵深发展的相互关联的专利技术（暴海龙，李金林，2004）。陈孝先（2004）以计算机包含了 CPU、主板、硬盘、内存等一系列的信息技术产品为例，来阐述技术的关联性。邹昊等（2006）认为每项特定技术都非孤立存在，它总是为着某共同的的实践目的而在不同程度上与其他支持性技术一起发生联系，使得技术间密切配合，从而构成某种技术系统，特别是当一种技术被应用得越广泛，人们对它的认同和了解越深入，关联性的技术也就越多地被开发和改进。

李纪珍（2004）以产业共性技术的问题为起点研究了技术关联问题。他指出共性技术是由多产业部门所共同包含的关联技术。随着技术的关联度的提升，共性技术的应用范围更加广泛。姜红（2008）从转移技术的角度来研究技术关联性，认为其是转移技术和相关产业技术的交叉影响关系，并且关联性大的转移技术容易受其他产业的重视。在具有技术关联性的产业中的企业，其创新特征包括：①该企业进行技术创新时，对技术关联性产业内其他的企业具有技术创新的需求，以获得对自身的技术创新活动的支持。②该企业在关联技术创新中获得收益及利润后，会激励技术关联性产业内其他企业增加对该技术的创新投入。③该企业在关联技术上创新进展，会给技术关联性产业内其他企业提供灵感和启示，并促进该关联技术的创新实现。④技术关联性产业内关联性技术的共同投入及研发会从整体上促进技术关联性产业的技术创新能力，达成技术关联性产业内参与企业间的协同创新效应（姜红，2008）。

通常情况下，企业往往经营不同的业务或生产不同的产品，这需要企业具有不同的技术知识为前提。由于基础技术要素的多样化应用，不同的产品或业务或许会使用相同基础技术要素，从而使两个不同的技术领域间产生关联（Robins & Wiersema，1995；Yayavaram & Ahuja，2008）。在采用技术多元化战略的企业中，关联性的技术使类别不同的知识在技术领域间进行转移、共享，从而有利于技术创新（Suzuki & Kodama，2004）。因此，本书认为技术关联性是技术特性中影响企业选择开放度的另一重要因素，并采纳邹昊等人（2006）的理解即技术关联性是由于兼容产品的广泛基础，使相关的技术必须具有的整体性和一致性。

三、技术可模块化

最早提出模块化（modularity）概念的学者是 Simon，他阐明了模块单元的可分解性，指出了模块化对于管理复杂系统的重要性（Simon，1962）。模块单元在模块化产品中具有一定程度的独立性，模块单元具备的独立程度决定了该产品体系的模块化深度（顾良丰，许庆瑞，2006），模块化是指各模块子系统之间通过标准化结构及界面（接口），按照一定的规则相互联系和分拆的动态整合过程（幸理，2006；青木昌彦，安藤晴彦，2003b），通过模块化设计和制造，一个富有弹性、动态的快速反应体系被建立起来，技术研发时间被缩短，产品多样化创新的效率获得极大地提高。可模块化的实质是将技术体系内部连接薄弱能够被拆分的部分进行割离使之分别成为独立的模块单元，而关联性较强的部分保留单独作为模块单元的过程（Simon，1962）。

随着个性化消费需求的增加，技术模块化带来的柔性化生产日益受到重视。模块化生产能使零件的设计、开发和生产产生最大组合或通用性，大幅度降低了制造成本，实现柔性制造满足用户的个性化要求（Erens & Verhulst，1997；青木昌彦，安藤晴彦，2003a）。模块化技术是一种关于产品的特殊知识，使产品得以有效分解、重组与升级（何大军等，2009）。模块化技术减少了产品设计时间，降低了产品的技术复杂性，使分模块的研发、制造得以独立同时进行（顾良丰，许庆瑞，2006），并大大提高了产品多样化创新的效率（Baldwin & Clark，2003）。

综上，技术可模块化是指在复杂的技术创新中，基于某种技术标准或结构，能够将技术子系统（单元）按照一定的规则进行联结或分拆的程度。由于技术的可模块化，企业能将整个复杂产品系统的创新任务，按照应用技术类别划分为相对独立的模块进行开发后集成（陈劲等，2006）。在信息技产业领域,模块化技术的发展使得不同的版本、系统和网络的兼容性性能得大幅提升,并且模块化程度较高的技术不容易在合作中被扩散或复制,因此本书认为技术可模块化程度影响着企业创新开放程度的选择,并定义其为对于复杂技术而言能被划分成最小的独立模块的程度。

四、技术可显性

隐性知识及显性知识的差异性早在 1938 年就引起了巴纳德的注意,他指出企业显性知识仅仅占据了企业"知识冰山"一角,事实上大部分知识以非常隐蔽的方式潜藏于人们的日常实践当中。在巴纳德看来"以心传心"是获得隐性知识的一种重要的交流方式。经济合作与发展组织(即 OECD)在 1996 年的知识经济报告中,将知识分为具有隐性特征的以技能知识和人际知识为主的隐性知识(Tacit Knowledge),和以具有显性特征的事实知识、原理知识为主的显性知识(Explicit Knowledge)。经过一定方式编码后,显性知识通常能够用书面语言、图表、数字、方程式等形式记录下来。而隐性知识是非系统阐述的知识,非结构化、非编码化的沉默知识。从获取知识的角度看,隐性知识大多为自身的体验和感悟,其传递及转移只能意会难以言传,因此隐性知识的获得难度较高,通常需要获取者的直觉力和洞察力才能有更深的领悟;而显性知识的传递及获取相对容易,通常采用文件传输、形象描述或其他的交流过程来实现。隐性知识和显性知识两者之间存在着相互转化及动态循环的关系。

从知识视角来界定技术可将其分成显性技术知识和隐性技术知识两种形式(Cummings & Teng,2003;Hedlund,1994)。隐性技术知识难以用文字语言来清楚表述,具有高度专业化、个性化、非规范化等特点(Hedlund,1994;徐耀宗,2001;吴素文等,2003)。技术的隐性程度则是指技术不易明示化或诉诸文字的程度(樊霞等,2010)。越呈隐性的技术越不易传递,如某信息技术诀窍被嵌入隐含在产品和服务中的某些部件或程序中,必须通过"干中学"等方式才能被完全掌握(姜红,2012)。显性技术则处于高度条理化状态,可以通过系统的、正式的语言(数学、化学或计算式)来表达,或用图纸、模型、专利文件、教科书和其他科学语言进行描述和承载(Hedlund,1994,徐耀宗,2001,吴素文等,2003)。显性知识在主体之间的转移比较快捷、成本较低(Grant,1996)。显然,技术知识在人们之间的传递、交流和分享会随着其显性程度的提高而增加,从而影响企业对外获取资源的决策和行为。本书认为技术可显性（Technological explicitness）是指技术可以明示化或诉诸文字的程度。

第四节　企业创新能力因素

开放式创新模式下，企业应有意识地获取外部新创意，并整合内外部的创新资源以加速企业的创新，这需要企业具备较强的创新能力对获取的内外部知识进行吸收、整合及再创造，实现技术的新突破，获取竞争优势和开放的正效应（Chesbrough & Schwartz，2007）。当企业的创新能力和获取的外部资源不匹配时，将会出现获取创意数量太多无法管理和吸收，或导致注意力分散问题，企业只能对少量创意配置资源（Koput，1997；Ocasio，1997；Laursen & Salter，2006），从而开放的负效应产生。当外部的创新伙伴过多时需要企业具备较强的组织协调能力才能避免或减少产生高的协调成本、谈判成本等交易成本。因此，本书认为创新能力会影响企业选择不同的技术创新开放度。

资源基础理论认为，创新能力是企业整合和重新配置内外部资源，建立核心竞争力应对迅速变化的环境的能力（Teece 等，1997；Vincent 等，2013）。技术创新能力是为了满足消费者需求而构建的利用内外技术机会对技术进行持续改进并实现新技术的开发的资源和能力（李平，陈红花，2015）。技术创新能力决定了企业对技术机会的把握和利用，也决定了企业对所需资源的获取，以及将此机会转化为现实中新技术，是影响企业技术创新开放度的重要因素。技术创新能力内涵广泛，包括企业的可利用资源及分配、对行业技术发展的理解能力、战略管理能力、结构和文化条件等（Burgelman，1996）。企业的技术创新能力具有情境性（陈力田，赵晓庆，魏致善，2012），随着开放创新环境的变化，企业将更强调动态的、外向的以及系统整合的创新能力以适应环境的挑战（Chesbrough，2003；Lichtenthaler，Lichtenthaler，2009），因而技术创新能力应包含两个相互关联的部分，即对新思想、新技术、新产品的研究与发明，以及搜寻或集成外部的技术创新资源（West，Salter，Vanhaverbeke & Chesbrough，2014）。

综合而言，开放情境下企业进行技术创新总是离不开以下四个核心方面：研发人员和设备等创新资源投入（BurgeSmani & Wheelwright，2004；Chiesa，Coughlan & Voss，1996；Yam，Guan，Pun & Tang，2004；官建

成，史晓敏，2004；傅家骥，1998；吴贵生，2000）、日益积累的知识基础
（Bell & Pavitt，1995；Kelley，O'Connor，Neck，& Peters，2011；Leonard-
Barton，1992；Prahalad & Hamel，1990）、与外界合作协同创新获得新技术
新知识的能力（Chesbrough，2003；West，2003；Yam et al.，2004；Joel
west，2006）以及企业为组织创新活动而具备的管理能力（许庆瑞，魏江，
1995；Teece，1996）。黄培伦和林山从不同角度考察后，认为企业是包括涉
及生产技术和信息技术等在内的硬性要素和涉及企业文化、技术能力、组织
能力等在内的软性要素的综合体（黄培伦，林山，2005）。郑慕强，徐宗玲
及姚洪心（2012）在论述技术溢出效应时按硬能力和软能力来区分不同技术
能力的作用，其中硬能力是指包括专利数量、财务能力在内的基础能力，而
软能力指的是企业的组织学习。李平和陈红花（2015）将开放情境下的技术
创新能力维度划分为硬能力即研发人员及设备投入、技术知识积累及软能力
即协同创新能力。本书基于资源基础理论，借鉴以前学者们的科研成果，采
用李平和陈红花（2015）对技术创新能力进行技术创新软能力、技术创新硬
能力两个维度的划分及度量的方法，并进一步修正及充实，即技术创新硬能
力包括创新资源投入、技术知识积累；技术创新软能力包括技术协同能力及
组织创新的能力。

一、创新资源投入能力

创新资源投入是企业为实现技术创新目标对其创新资源进行配置，以使
企业能适应激烈的竞争环境并获得可持发展的基础性能力（Chiesa 等，
1996；Burgelman 等，2004）。创新资源投入主要包括创新人员特别是高素
质研发人员的投入、研发设备的投入及相应的技术信息收集渠道的建设投入
等（Christensen，2010；李平，陈红花，2015）。作为创造、掌握和运用技
术的主体，研发人员的配置，特别是高素质的研发人员的配置很大程度上决
定着企业技术创新的成败。研发设备是创新过程中必需的技术条件，研发设
备存量是企业引进同领域产品、最大化核心能力的前提，因而研发人员、研
发设备是创新中必不可少的资源（刘立，2004；陈劲等，1997）。据"非我处
发明"（"Not Invented Here"，NIH）观点：组织内部特别是技术研发人员
会阻碍和降低企业对外部资源的搜寻和获取，当企业内部研发人员的创新能
力越强，企业从外部获取资源及创意的阻碍就越大，不利于创新绩效的提升
（Lichtenthaler & Ernst，2006）。创新资源的投入会影响企业开放度（游达

明，孙洁，2008）。本书定义创新资源投入能力是企业为了实施和实现技术创新所投入的研发人员、研发设备的量的总和。

二、技术知识的积累

"知识积累"是指知识的量的增长与质的升华以及结构优化（马克思，恩格斯，1980）。从资源基础理论核心能力观来看，企业的知识性资源即组织中的积累性学识，是企业的核心竞争力（Prahalad & Hamel，1990）。企业的技术知识积累反映了企业生产知识和进行创新的潜力，是企业在某一特定时点的知识储备水平（Griliches，1992）。企业作为生产性知识和能力积累的载体，其拥有的知识积累状况将决定企业在未来的发展，即企业竞争优势和成长潜力取决于企业掌握的知识的质的高低和量的多少（刘刚，2002）。企业技术知识积累，是在技术创新过程中产生的知识渐进性积聚的结果，通常指企业具有的能在市场上有效运用的技术知识和经验存量，代表企业能够有效参与竞争的技术水平，是创新活动最为重要的内在基础（傅家骥，施培公，1996）。从知识存量的角度看，企业外部的科研机构、大学所拥有的理论形态知识存量较为丰富，这种技术知识趋向于流入技术知识相对贫乏的企业（宋保林，李兆友，2011）。De Clercq 和 Dimov（2008）认为企业内部知识积累丰富时，通过与外部主体的合作，能比较充分的利用内部知识促进企业绩效的改善，而当企业内部缺乏知识时，与外部主体的合作则在利用外部知识方面更有效。因此本书认为技术知识积累影响企业的开放程度，并定义技术知识积累是企业的技术知识和经验存量的总和。

三、技术协同能力

侯广辉和蔡进兵（2010）在分析企业边界和企业能力（吸收能力）时，认为企业的吸收能力会促进企业的边界外部化，使得企业更倾向于选择从外部获取所需要素。Knudsen（2006）也认为企业的吸收能力是影响企业开放度的主要因素之一。他认为在知识型社会企业很轻易就能发现外部知识源，但最大的挑战是找到对的合作者，并从中吸收和利用其拥有的新知识，这个吸收能力包括三方面：辨别能力、消化能力及商业化应用能力。显然，Knudsen 所定义的吸收能力是单向且单一的，未能包含企业获取技术中的与技术参与者的互动过程和协同作用产生的效应。开放过程中，企业与技术创新参与者之间可能存在技术上的大量的，反复发起、反馈、吸收的相对复杂的过程。因而，本书提出包含吸收能力在内的"技术协同能力"的概念，以期更全面地描述企业在开放创新中应具备的从外界获取资源的能力。

协同的理论基础来自于 Haken 提出的统一的系统协同学思想。他认为若系统中各子系统（要素）能很好配合、协同，多种力量的积聚形成一个总效应，达到远远超越于将原来单个功能总和的新功效。协同的内涵包括了互动、合作，强调的是多个合作的子系统或要素因为相互作用而形成协同效应，因此协同涵盖的范围比合作更广、更丰富（Haken，2004）。协同创新（synergy innovation）是指特定区域范围内的企业、大学、政府、科研机构及技术中介机构等，突破单个参与者的边界壁垒，基于互惠共赢的宗旨进行合作创新，以有效集聚并充分利用协同参与者的研发人才、研发设备、技术知识等创新资源（姚艳虹，夏敦，2013）。协同创新一定程度上分散了创新风险，有效地降低了技术创新成本（Agrawal，2001），并通过协同参与者们的资源互补和共享，弥补了个体创新主体资源的不足，使技术创新的有效协同达到"1+1>2"的协同效应（Tether，2002）。企业协同创新是指创新中相关资源与能力的有机结合，在复杂的动态的非线性的相互作用相互影响下，形成单个要素无法实现的整体协同效应的过程（姚艳虹，夏敦，2013）。

Serrano 和 Fischer（2007）认为创新协同的内容可以从整合、互动两个角度来分析，从整合角度的分析包括知识、资源、行动和绩效；而从互动的角度主要是指各个创新主体之间的知识互惠分享，资源优化配置、行动的最优同步及与系统的匹配度。协同创新的主体包括核心企业及与其合作的供应商、采购商、竞争者等多元组织（Doloreux，2004）。协同创新的过程就是企业充分发挥技术协同能力实现创新绩效的过程。施海燕（2012）认为制药企业的技术协同应包含引进能力（包括识别外部知识引进联盟者及技术）；吸收能力（包括对引进的技术利用反求工程实施技术的改进等）；共生能力（包括优化联盟关系、联盟成员相互启发和进行知识创造，共同投入和分享、构建良好的技术外溢池、优化外部知识系统等）三个层次。正如 Lanctot 和 Swanb（2000）指出的，为了应对全球化的竞争环境，企业应充分利用外部技术和资源。但是如果企业没有一定的内部能力，不可能成为有魅力的合作伙伴，即企业必须加强外部工业技术内部化的程度和能力，否则无法从外部知识源充分获益（Negassi，2004）。企业只有具备技术协同能力才能更好地优化整合资源，从知识的分享中获取技术信息，从与合作者的反复互动中抓取灵感及新创意，与合作方同步或优先实现技术突破取得较高的绩效。因此，本书认为技术协同能力影响着企业的技术创新开放度的选择，并定义其为企业通过与外部组织的协作互动，既获取外部知识又与外部组织共同创造新知识，并产生大于单个创新主体效应的能力。

四、组织创新能力

基于资源基础理论，组织创新能力是企业针对技术创新活动而展开的组织能力，可理解为企业建立独特机制或"组织惯例"来协调内部各部门以获得内、外部技术创新资源，实现技术创新目标所表现出来的能力，包括为技术创新的内部研发和外部获取提供必要的支持性服务的能力，与外部组织进行沟通、协调的能力等等。企业的组织创新能力体现在企业从技术研发到技术的商业化转化过程的任何活动中。组织创新能力可以成为持续创新实现竞争优势的一个来源。开放式创新下，企业的技术创新活动是一个协调企业内部、外部及相关企业和组织的活动，它涵盖了企业研发、生产、管理等组织各层面和各要素，其中最为重要的是为实现技术创新的达成而协调企业内部各部门的能力。

Teece（1986）等认为组织技术创新的活动首先从企业内部出发整合资源及流程，在此基础上通过学习向外部获取互补性资产，才能突破原有的利益关系和固有的官僚思维，这也是克服路径依赖和核心能力刚性的关键环节。在动态开放的世界，企业构建包括对资源的支配和组织能力、系统的整合能力及研发创新的管理能力等显得尤为重要（切萨布鲁夫，范哈佛贝克，韦斯特，2010）。企业具备的组织创新的能力不同，在与外部合作中的交流方式不同，吸引的合作企业数量及质量不同，对获取的外部资源的处理方法不同，合作中避免风险的机制设定不同。因此，本书认为企业组织创新的能力从管理层面影响着企业的开放程度，并定义其是为实现技术创新而开展的内部各部门之间的工作协同性。

第五节　控制变量

本书采用国内外一些学者 Scherer（1983）、Acha，Gann 和 Salter（2005）、钱锡红等（2010）、Khoja 和 Maranville（2009）、任宗强（2012 等的普遍做法，将行业类型、企业规模、企业年龄选择作为控制变量（Control Variable）。

一、行业类型变量

在很多研究中表明，每个行业技术知识积累速度不同，变革难度不同，因而其创新成功概率不同（Jovanovic，1982）。Laursen 和 Salter（2005）指出行业的差别会影响企业与外部合作创新的意愿程度，研究显示处于专属权程度较低的纺织、金属行业，企业的开放式创新意愿最弱；而在具有高度专属权的医药等行业，企业显示出的开放式创新意愿最强。本书将行业类别划分为食品、纺织服装、机械制造、建筑业、IT 业、通信行业、生物制药等。

二、企业规模变量

企业规模是影响企业和外界关系以及行为决策的一个重要属性。大多数学者认为企业规模与技术创新资源投入有正相关关系，认为大企业更有实力和愿意去投入更多的研发经费，购买更先进的设备，从而使研究与开发的活动更好地开展。企业资产能较好和企业对创新投入资金相联系，因此以资产为代理变量对企业规模进行衡量相对较为合适，本书以企业资产总额设置了5 个答项：5000 万以下（不含 5000 万）、5000 万－1 亿、1－5 亿、5－10亿、10 亿元以上（含 10 亿元），用来获取样本企业规模的数据。

三、企业年龄变量

企业年龄往往会影响知识整合以及企业创新绩效。企业运营时间越长越有利于企业对知识和能力的积聚（许冠南，2008），也会对企业开展学习活动，进而实现产品的开发有所帮助（彭新敏，2009）。本书参考蒋旭灿等（2011）、彭正龙等（2011）、杨学儒等（2011）等人的研究采用企业年龄作为控制变量，企业年龄设定为企业自成立起到 2014 年为止所经历的年数，共设置了 5 个选项：3 年以下（不含 3 年）、3－5 年、6－10 年、11－20 年、21 年及以上，用来获取样本企业的年龄数据。

小　结

首先，本部分内容明确了研究中的基本概念"开放式创新模式、技术创新开放度"的定义，并界定了研究的边界。本书选取了陈劲和陈钰芬（2008）的定义，即开放式创新模式是通过获取市场信息资源和技术资源，以弥补企业内部创新资源的不足，进而促进创新绩效的一种创新模式。据此概念定义了技术创新开放度为"企业应用开放创新模式从外部组织获取技术资源的程度"，定义技术创新开放广度为"企业在技术创新中从外部组织获取技术资源的广泛程度"，定义技术创新开放深度为"企业在技术创新中从外部组织获取技术资源的深入程度"。

其次，通过深入分析开放创新给企业带来的开放正效应及开放负效应，提出本书的研究问题：开放创新模式下技术创新开放度的影响因素，经初步分析后提出研究框架，即从企业外部环境、技术特性及企业技术创新能力三个要素出发分析技术创新开放度影响因素。

最后，依据社会资源理论、资源基础理论、交易成本等理论重点阐述了企业外部环境、技术特性及技术创新能力影响因素的概念及其构成。其中企业外部环境包括技术知识保护力度、互联网资源易得性、与网络参与者的交互性及互联网技术交易风险性，分析中提出了"网络参与者是企业的创新者"的观点；技术的特性包括技术不确定性、技术关联性、技术可模块化及技术可显性；技术创新能力从技术创新硬能力和技术创新软能力两方面出发，主要包括创新资源投入能力、技术知识积累、技术协同能力及企业组织创新的能力四个维度。对这些影响技术创新开放度的影响因素及其维度进行概念界定，将是进一步展开对企业技术创新程度影响因素研究的基础。

第四部分　研究设计与数据

　　上一部分基于开放创新过程中因开放带来的收益及交易成本做了深入的剖析，提炼出影响技术创新开放度的因素主要有企业外部环境因素、技术特性因素及技术创新能力因素，并在此基础上依托企业家理论、企业家精神内涵推导出企业创新主导因素——企业家精神因素构成；社会资源理论、技术的社会形成理论等推导出企业外部环境因素构成；依托技术的生命周期理论、交易成本理论等推导出技术特性因素构成；依托资源基础理论等推导出技术创新能力因素构成，并其概念内涵进行了深入的剖析。本部分将在上一部分厘定的各影响因素及其维度概念基础上，进一步界定其与技术创新开放度的关系，并提出研究假设以待验证。

第十三章　研究思路与数据分析方法

本节从企业创新主导者、创新的外部环境、内部资源与能力，以及创新对象技术的特性出发，考察它们对企业的技术创新开放度的影响方向及影响程度。首先明确研究命题，其次提出本书的概念模型，最后结合研究目标，针对概念模型中的关键变量及其关系进行研究假设推导，试图依靠实证来揭示企业外部环境等各因素对企业技术创新开放度的影响，从而探索中国企业在技术创新时如何把握适宜的技术创新开放度。

第一节　研究思路

一、影响因素各维度

通过理论回顾及文献综述，本书对企业技术创新开放度的影响因素有以下的初步认识。

（一）企业家精神能促进企业从外部获取更广泛的创新资源。在开放创新模式下，技术创新开放度是企业在开放创新过程中与合作伙伴共享知识和资源的程度。因此，具备创新精神、擅于合作的企业家将适合采取广泛的、长期的、更深入的开放创新。竞争精神强且勇于冒险的企业家会弱化与外部环境与组织的合作。从而认为影响企业技术创新开放度的企业家精神主要是创新性、合作性、竞争性及冒险性。

（二）技术知识的保护力度能促进企业技术创新中从外部获取更多的技术资源；互联网对企业的技术创新产生较强大的影响，企业借助互联网平台与网络参与者进行深度交互能够获取所需的技术资源，但网络虚拟性会给企业带来一定程度的风险并影响企业开放的程度。

（三）技术特性会影响企业获取外部的资源与信息。高度的技术不确定性使企业难以广泛寻找合作伙伴；对于关联性强的技术，企业大多缺乏足够的能力自主创新；技术的可模块化程度能够增加企业与外部的合作并减少泄密风险；可显性高的技术知识易于传播交易从而增加企业向外部获取的可能性。

（四）企业的技术创新能力是企业开放创新实现的重要途径。其中创新资源及技术知识积累是实现知识吸收的硬件基础，技术协同能力能促使企业在合作中获取知识并与合作伙伴共同创造新知识，实现"$1+1>2$"的协同效应，企业具备的组织创新的能力能让企业更好地整合内部资源并加强与外部组织的交流沟通，使企业能够获取大量外部的新技术、新创意等信息。

总之，为了合理把握技术创新开放度，分析影响技术创新开放度的影响因素及其对开放度的影响程度具有重要意义，这一研究命题将对企业的创新实践产生积极指导作用。

二、影响因素维度分析

（一）技术创新开放度：从开放广度和开放深度两个子维度来研究。

（二）企业家精神：基于具备创新精神并擅于合作的企业家为尽可能地获取外部的技术资源，将采取广泛的、更深入的开放创新，而竞争精神强且勇于冒险的企业家则更愿意独自研发获取技术的垄断收益出发，企业家精神的维度包括合作性、创新性、竞争性及冒险性。

（三）企业外部环境因素：从技术获得法制环境和技术获得网络环境分析，企业外部环境因素主要从技术知识保护力度维度来研究，技术获得网络环境因素则从互联网技术资源易得性、网络参与者交互性及互联网技术交易风险三个子维度研究。

（四）技术特性因素：从技术可模块性、技术可显性、技术不确定性及技术关联性四个方面进行研究。

（五）技术创新能力因素：从技术创新硬能力和技术创新软能力两个角度出发，技术创新硬能力则从创新资源投入能力、技术知识积累两个子维度来研究，技术软能力则从技术协同能力和企业组织创新的能力两个子维度来研究。

（六）控制变量：本书控制了企业所处行业变量、企业年龄变量及企业规模变量。

1. 行业类型变量。在很多研究中表明，行业特性会导致技术创新的成功几率存在差异，原因在于每个行业技术知识积累速度不同，变革难度也不同（Jovanovic，1982；Winter，1984）。同时，不同行业的技术及其经营特点，会影响到创新的方法与创新的流程（Hipp & Grupp，2005；Hippel，2005）。因而不同行业的企业在技术创新实施过程中向外部组织开放的倾向并不相同，如医药、化工、电子及机械制造行业的开放程度的相对较高，纺织行业的开放程度较低（Laursen & Salter，2005），甚至开放程度更低的核工业和飞机发动机制造业，仍然保持着传统的封闭式创新模式（Chesbrough，2003）。

2. 企业年龄变量。企业年龄往往会影响企业和其他组织的交往，进而影响知识整合以及企业技术创新开放度。通常而言，企业运营时间越长越有利于企业技术创新能力的加强（许冠南等，2011），也会对企业开展学习活动进而实现产品的开发有所帮助（彭新敏，2011）。因此，一般研究都认为，企业年龄越大向外部企业和组织开放的风险也就相对越小，如 Keupp 和 Gassmann（2009）发现企业年龄与开放式创新广度和开放式创新深度都存在显著的正向关系。在本书中，企业年龄设定为企业自成立起到 2014 年为止所经历的年数。

3. 企业规模变量。Schumpeter（1942）认为只有大企业才可能负担得起技术创新费用，同时表明规模较大且多元化的企业能够通过大范围的创新来对冲失败。M·卡曼及 N·施瓦茨认为企业技术创新所开辟的市场受到企业规模的影响，即企业规模越小，技术创新所开辟的市场潜力就越小，越不利于企业进行技术创新活动，反之则越有利于企业的创新。Galbraith（1952）研究表明，规模大的企业是引导技术变革的最有效的载体。Lall（1992）和 Scherer（1983）认为技术创新活动伴随着难以预料的巨大风险，而大企业比小企业会具备更大的抗创新风险能力。Lichtenthaler 和 Ernst（2009）研究后也得出企业规模与开放式创新的程度密切正相关的结论。因此，本书以行业类型、企业年龄及企业规模为控制变量，以便更好地探索主研究变量与技术创新开放度的关系。

综上，本书的概念模型将创新主导者、创新环境、技术特性、企业技术创新能力对技术创新开放度的影响有机地整合在一个研究之中，以考察技术创新开放度受影响的作用和程度。研究中考虑中国企业技术发展的现状与对外部技术的需求，针对企业的法制环境和网络环境两个外部影响因素变量、企业创新对象的特性因素变量，以及企业技术创新中具备的能力因素变量进行分析，探索中国企业技术创新开放度的受影响机制。本书思路可以分成以下几点。

第一，从中国企业技术需求出发对技术创新开放重新定义，并对其度量的实质内容展开探讨。

第二，从企业创新主导者的角度，对企业家精神对技术创新开放度的影响深入研究，包括合作性、创新性、竞争性及冒险性等维度产生的影响作用。

第三，考察外部环境因素各维度对企业技术创新开放度的影响，包括技术获得法制环境及技术获得网络环境因素各维度产生的影响。

第四，考察技术特性因素对企业技术创新中开放度的影响作用。

第五，考察企业技术创新能力对企业技术创新开放度的影响作用。

第二节　数据分析方法

一、数据分析方法

本书将回收的问卷进行编码后，录入 EXCEL 表格，采取 SPSS19.0 统计软件包进行描述性分析、信度检验、探索性因子分析（Exploratory Factor Analysis）、相关性分析、同源误差及多重共线性检验和多元回归分析。并通过 AMOS21.0 软件包进行验证性因子分析（即 CFA，Confirmatory Factor Analysis）、效度检验及模型适配度检验。

（1）对样本的基本信息进行描述性统计分析，说明各个变量的频数、百分比、累计百分比等基本情况，获得对调查数据的总体性的把握。

（2）通过信度和效度分析判断研究变量的科学性和内部一致性。本书采用 Cronbach's alpha 值作为信度判断的标准，以测量同一维度下各变量之间的内部一致性。效度是指测量工具能够在多大程度上反映了概念的真实涵义，本书通过 AMOS 对构念效度进行分析与检测，采用组合信度及平均变异抽取值来测量潜变量的信效度、模型内在的质量。

（3）利用 Harman 的单因素检测方法检测是否存在同源误差（CMV）。

（4）采用 Pearson 相关分析方法，对研究中涉及的所有变量的相关程度和相关方向分别进行分析。

（5）通过多元回归分析，检验是否存在多元共线性，考察解释变量与被解释变量之间的关系，考察多个解释变量的变化对一个被解释变量的影响程度。

二、信度与效度检测方法

（一）信度（reliability）即测量的可靠性，是用来衡量测量结果的一致性或稳定性。实际中采用多次测量的方法求出测量误差得分，进而推导出测量的信度。判断一个测验的信度主要利用相关系数的高低，如再测信度、复本信度、折半信度或内部一致性信度等。目前在经济学及管理学研究中普遍采用"Cronbach's a 系数"方法用来计算内部一致性。一般要求变量的Cronbach's a 值大于 0.7。Churchill（2009）认为当校正的项总计相关性（CITC 值）小于 0.4，并且该项被删除后 Cronbach's a 值会增加，就应该删除该项。本书采用 CITC 值大于 0.5，且 Cronbach's a 值大于 0.7 的经验值标准，对企业外部环境、技术特性、技术创新能力、技术创新开放度构念逐一进行信度分析。

（二）效度指标用来评价测量的正确性，通常是指测验工具确实能检测出研究想要测量的构念的程度。无论选用哪种测量工具，都须审慎评估其效度，详细说明效度的证据。通常情况下效度指标值越高，说明测量的结果越能很好的反映出被测量内容的真正特征，效度低则相反。以内容来划分，效度的评估主要有三种模式：注重测量内容和范围的内容效度（content validity）、强调概念意涵厘清的构念效度（construct validity），以及注重外在标准适配度的效标关联效度（criterion-related validity）（邱皓政，林碧芳，2009）。

内容效度又被称为逻辑效度，强调的是测量内容的涵盖性与丰富性，主要反映每个测量项目的内容广度和范围的适契程度。因此在测量题项的编制上须顾及受调查者的经验背景与能力水平。获得高的内容效度，可以采用与被调查者多沟通，多罗列可能的测项，参酌一些前导研究的发现。效标关联效度又称实证效度，主要利用理论文献的证据作为选用效标的基础，筛选经过检验具有代表性的条款（谢荷锋，2007），并采用预测的方式获得数据。本书调查问卷中大多数测量项目的设置是参考已有的理论文献，并通过与企业高层访谈，结合了被调查者的经验背景及能力水平。针对少数测量项目没有合适的量表，本书参考国内外文献中相近概念的量表及相近资料，并结合企业的技术创新实务进行设置。通过预测试的方式对不恰当的项目进行了修订或删除，因此较大程度上保证了内容效度和效标关联效度的质量。

构念效度的考察，包括聚敛效度（convergent validity）、区别效度（discriminant malidity），主要用来衡量开发的量表为什么能有效的测量。构念效度的检验常用因子分析方法：即采用探索性因子分析与验证性因子分析。这两种因子分析方法都是以普通因子模型为理论基础，但两者间在基本思想、分析步骤和应用范围等方面存在较大差异。在管理研究中，使用因子分析时，应将这两种因子分析方法结合起来使用，缺少任何一个，因子分析都将是不完整的（Anderson & Cerbin，1998）。常用的做法是：首先通过探索性因子分析来构建模型，其次是验证性因子分析来检验和修正模型（吴明隆，2010）。

考虑到在问卷调查时，每份问卷均由同一人填写，容易出现同源误差（Common method variance，CMV）问题，因此必须检验变量之间的关系是否由共同方法偏差所导致（Podsakoff & Organ，1986）。同源误差是一种系统误差，是因为同样的数据来源或评分者所造成的测量变量与潜变量之间人为的共变。可以在数据分析时采用统计方法来对同源误差进行检验。

本书采取 Harman 的单因素检测方法：即以问卷所有条目一起做探索性因子分析，在未旋转状态时得到的最大的一个主成分因子的特征根值，反映了 CMV 的量，如果这个主成分因子解释了大部分变量的协方差，那么就表明存在同源误差，反之不存在（Podsakoff & Organ，1986）。在本书中，将所涉及需要观测的所有变量的所有条目一起做探索性因子分析，在未旋转时得到的最大的一个主成分，其载荷量是 10.276%。显然，并没有出现一个能够解释大部分方差的因素，因此，同源误差问题在本书构建的模型中不显著。

三、验证性因子分析方法

验证性因子分析（CFA，comfirmatory factor analysis）是通过检验，以确认事先假设的测量变量与因素间关系的正确性。验证性因子分析方法是结构方程模型（SEA）的一种特殊应用。结构方程模型的本质是基于协方差矩阵来分析变量间关系，具有较高的理论先验性。结构方程模型最主要用来验证事先设计的理论结构的适当性（侯杰泰，温忠麟，成子娟，2004）。进行一个验证性因素分析的基本过程有四个步骤，分别是模型界定、模型估计、矩阵表示以及模型合理性检验与修订。

　　验证性因素分析中，因素负荷量的值一般介于 0.50 至 0.95 之间，表示模型的基本适配度良好，该负荷量的数值越接近 1，表示指标变量可以被构念解释的变异程度越高，可以更有效地反映其要测得的构念特质（吴明隆，2010）。模型内在质量的检验可以用潜在变量的组合信度来判别，如果潜在变量的组合信度值高于 0.6，则可以认为该模型的内在质量佳。此外，还可以使用一个与组合信度类似的指标即平均方差抽取量（average variance extracted，或 P_v）作为判别的准则。平均方差抽取量是一种收敛效度的指标，表示为潜在变量可以解释其指标变量变异量的比值，能够直接显示被潜在变量构念所解释的变异量当中来自测量误差的量，该数值越大，表示测量指标反映其共同因素构念的潜在特质的程度越高，一般的评判标准是平均方差抽取量大于 0.5 表示模型内在质量理想（吴明隆，2010）。代表卡方自由度比值，理论模型的协方差矩阵与样本数据适配程度。值小于 1.00，模型过度适配；大于 1.00 小于 3.00，适配较好（小于 2.00，适配非常好）；若大于 3.00，适配度较差。另外，GFI（Goodness of Fit Index）是用来表示观察矩阵中的方差与协方差可被复制矩阵预测得到的量，是一种相对拟合指数。一般认为，GFI 值大于 0.90 的水平时，模型路径图与实际数据能够达到较好的适配度。指数 AGFI（Adjusted Goodness－of Fit Index）为调整后适配度指数，AGFI 越接近 1，适配度越好，基本要求 AGFI 大于 0.90。还有 IFI（Incremental Fit Index）即增量拟合指数、NFI（Normed Fit Index）即规范拟合指数、CFI（Comparative Fit Index）即比较拟合指数），这些指数的取值范围在 0 与 1 之间，越接近 1 表示模型的适配度越好，一般而言，对 IFI、NFI、CFI 数值的判断标准为 0.90 以上。RMSEA（Root Mean Square Error of Approximation，近似误差均方和平方根）大于 0.1 表示适配度不好，处于 0.05 与 0.08 之间，则尚可，低于 0.05，则适配度相当好。本书将会参照以下整体模型适配度的评价标准，如下表 4-1 所示。另外，本书采用 AMOS21.0 软件进行验证性因子分析。

表 4-1　模型适配度的评价标准

拟合指数	标准或临界值
x^2 值	显著性概率值 P＞0.05（未达显著水平）
x^2/df 值	＜2.00
RMSEA 值	＜0.05（适配良好）；＜0.08（适配合理）

拟合指数	标准或临界值
GFI 值	>0.90
AGFI 值	>0.90
NFI 值	>0.90
IFI 值	>0.90
CFI 值	>0.90
TLI 值	>0.90

四、统计回归方法

回归分析主要是利用线性关系来解释与预测。在一个研究中影响因变量的解释变量不止一个，此时需要建立一套包含多个解释变量的多元回归模型，同时纳入多个变量来对因变量进行解释与预测，即多元回归方法。本书在执行回归分析时，对调查的数据进行检验是否存在多重共线性问题，并依据不同的研究目的选用合适的分析方法。

（一）回归分析方法的选择

基于预测或解释的不同目的，研究者在应用 SPSS 软件时，可以利用同时法、逐步法、阶层法等不同的程序执行回归分析（邱皓政，林碧芳，2009）。同时回归分析在于厘清研究者所提出的解释变量是否能够用来解释因变量。该方法下无论每一个解释变量显著与否都不会被排除在模型之外。逐步回归分析多出现在以预测为目的的探索性研究中，是由相关大小的 F 统计量作为解释变量取舍的依据，对共线性问题也不作理论上的讨论。阶层回归法是基于理论或研究的需要而定的，是一种"区分多个步骤、逐步依序"来进行的回归，是弹性最大、最具理论与实务意义的多层次分析程序（邱皓政，林碧芳，2009）。实际执行上，阶层回归最重要的工作是决定变量的阶层关系与进入模式。从技术层次来看，阶层法能够将解释变量分层来处理，结合同时进入法，更适合于学术性的研究来决定一组解释变量的重要性。

切萨布鲁夫等（2010）认为企业在进行研发前首先会扫描外部环境，如果该技术能够从外部获取，企业就会选择直接利用它，而将内部研发力量聚焦于那些不容易获取的技术上，或者是企业拥有的核心竞争力的技术上，以便通过这些技术来构造更优的系统和决策。结合本书此前的分析，本书采用阶层回归，并结合同时进入法进行数据分析。第一阶层为控制变量即企业的基本属性，第二阶层为解释变量企业外部环境各变量，第三阶层为技术特性各变量，第四阶层为技术创新能力各变量。各阶层内不采取变量的先后选择程序，而是针对每一个独立变量的效果加以检验，符合解释型回归的精神（邱皓政，林碧芳，2009）。多元回归分析中得到的结果中包括变量的非标准化回归系数、T 取值、每个模型的总体拟合参数，以及两个模型比较的统计检验结果。其中，R^2 是"决定系数"，表示被解释变量的总体变异程度被所有解释变量解释的程度，该值越接近 1 说明模型越好，表明解释变量对被解释变量的解释成功率越高。ΔR^2 是两个模型间的 R^2 的比较，通过考察 ΔR^2 值的大小以及显著情况，可以评估新加入解释变量对于被解释变量解释程度的贡献。T 的数值表示的是对回归参数的显著性检验，表示在一定的置信水平，解释变量 X 对被解释变量 Y 的影响是否显著。F 值检验回归方程的显著性，以推断模型中解释变量和被解释变量之间的线性关系在总体上是否显著。

（二）回归数据共线性诊断

解释变量间相关程度太高而导致对被解释变量的解释能力产生影响则认为是存在多元共线性问题。一般情况下，当解释变量之间的相关系数＞0.7以上时易产生共线性问题，因此可以通过各变量之间的相关系数进行判断。共线性诊断还可以通过容忍值（tolerance）或变异数膨胀因素（方差膨胀因子，Variance Inflation Factor，VIF）来评估共线性的影响（邱皓政，林碧芳，2009）。VIF 值越大（或容忍值越小），则表示解释变量的回归系数的变异数增加，共线性越明显。一般 VIF 值处于 0 至 10 之间时，可以判断各变量间不存在多元共线性问题。此外，整体回归模型的共线性诊断也可以用条件指数（conditional index，CI）来判断。CI 值低于 30 表示共线性问题缓和，CI 值越高共线性越重。从上表的相关性分析表及 CI 值的计算可以初步判断，本书解释变量之间不存在多重共线性。本书将在回归程序中加入 VIF 值的检验，尽量对多元共线性问题进行检测。

第三节　变量的操作性定义及测量方法

在确定本书框架及提出研究假设基础上，本书对解释变量进行定义、测量及进行问卷设计。为测量本书中涉及的企业技术创新开放度的影响因素，需要设计量表和调查问卷以量化各研究变量。李克特（Likert）量表由美国社会心理学家提出（Likert，1932），并被作为测量工具广泛运用于学术研究当中。本书统一使用李克特五等分量表进行标准化和数量化。量表由一组陈述组成，将由企业管理者或技术研发参与者根据其经验判断填写。其中，"1"表示非常不同意，"2"不同意，"3"一般，"4"同意，"5"非常同意。由于本书问卷题项的陈述大多和技术创新相关，对样本填写人员的职业经验、个人认知、文化背景等要求较高，因此，可能会存在变量测量的可靠性和准确性受到影响的情况。如对问题的理解角度不同，选择结果会有较大的差异；也可能对问题无法完全理解。同时也会出现不清楚答案随意填写，或本可以回答，但不愿意回答。为了应对这些干扰，提高问卷质量。本书参照了彭新敏（2009）、陈琦（2010）等学者在研究中采用的办法，从答卷者的选择和问卷本身的设计两个主要方面尽量降低偏差。具体做法是：在开发问卷题项时就和企业界有关管理人员，特别是从事技术的人员进行充分交流，尽量让题项的内容更加通俗易懂。

第十四章　问卷设计及形成

本书运用实证方法对开放式创新模式下技术创新开放度的影响进行了深入有效的分析。由于技术创新开放度等相关变量不适合进行直接测量，必须由观察变量测得的数据资料来反映，因此，需要设计相应量表以调查问卷的方式进行间接测量，因而问卷设计和数据收集过程的合理与否将直接关系本书的质量。本章将对问卷设计、数据收集过程及所需要的统计分析方法进行阐述，并在上一部分的概念模型和假设推导的基础上，根据研究的主要命题，对研究所采用的主要变量的操作性定义及其测量方法进行说明。

第一节　问卷内容及形成过程

一、问卷的内容

不同的目的和理论依据决定了问卷题项的总体安排和内容的构成（王重鸣，1990）。本书问卷设计的目的是针对开放式创新过程中技术创新开放度的各种影响因素的测量，要求问卷内容能够为各影响因素的测量提供所需的有效数据。通过运用因子分析、回归分析等方法对这些数据进行统计分析。因此，围绕各部分的研究问题和研究内容，本书所设计的调查问卷包括答卷者基本信息等五个方面的基本内容。

（1）答卷填写者与企业的基本信息

（2）技术创新开放度的测量情况

（3）技术创新过程中企业外部环境对技术开放度的影响情况

（4）技术创新过程中技术特性对技术开放度的影响情况

（5）技术创新过程中技术创新能力对技术开放度的影响情况

二、问卷的形成过程

（一）调查问卷是获取研究数据的重要途径。真实可信的数据是以调查问卷设计的合理与有效为前提的。为此，主要借鉴了 DeVellis（2011）以及国内学者的彭新敏（2009）、陈琦（2010）、DeVellis（2012）、Fowler 等（2010）所采用的方法，较好地形成了本问卷。问卷设计题项形成的步骤如下：

1. 查阅文献资料，明确构念的边界

2. 运用归纳及演绎等方法，初步形成问卷的题项

3. 向该领域专家请教，对相关测量的题项进行修订

4. 和企业的高层负责人访谈及讨论，对相关题项进行修订

5. 预测试进行问卷题项的纯化，最终形成质量较好的调查问卷

（二）构念形成

构念是抽象、不可观察却有着明确定义的变量（陈晓萍，徐淑英，樊景立，2012）。为了提炼并明确区分构念间的定义，首先通过理论及文献的阅读与归纳，理清相关变量的内涵和外延，并总结出相关变量的测量量表。本书在选择相应的量表时，为了保证测量工具的信度和效度，尽量采用国内外学者已经开发的变量量表，同时根据笔者对中国企业的访谈和国内的具体情况，对量表中的题项进行了一定的修改和调整。本书涉及的主要变量有：

1. 技术创新开放度：具体是指企业在进行技术创新过程时从外部组织获取技术资源的程度，评价的题项中包括创新开放的广度、深度等内容。

2. 企业创新主导者因素，即企业家精神包括创新性、合作性、竞争性及冒险性四个维度。

3. 企业外部环境因素，包括法制环境因素和网络环境因素：具体由技术保护力度、互联网技术资源易得性、与网络参与者的交互性、互联网技术交易风险性四个维度组成。

4. 技术特性因素：是要创新的技术自身具有的属性。主要由技术关联性、技术可模块化、技术不确定性及技术可显性四个维度构成。

5. 技术创新能力因素：其中技术硬能力包括技术创新资源投入、技术知识积累；技术软能力包括技术协同能力、组织创新能力共四个维度。

6. 控制变量：行业类型、企业规模和企业年龄。

（三）问卷题项的形成

按照 Clark 和 Watson（1995）指出的在发展测量问卷题项时应遵循两

条基本原则：一是测验项目应该比目标构念包含的范围更广；二是测验项目应该包含一些可能被证明是无关紧要的题项。因此，采用归纳法和演绎法两种不同的取向来发展问卷题项，使它们足以涵盖构念的理论边界。本书在对技术创新开放度等相关文献进行总结和分析的基础上，对各个变量的已有测量加以归纳，借鉴普遍认可和经过有效检验的问项，采纳到本书中。同时，针对英文文献使用过的测量题项的采用，尽量转化成符合中国人语言习惯的表达方式。

第二节　问卷的反馈修改

问卷题项是否好的标准是：参加问卷填写的所有答题者是否能用一致的方式来理解它，以及答题者是否能用与研究者所想要的表达相一致的方式来理解它。为达到这个标准，本问卷的修改经过了三轮。每个变量的量表初步形成后，再通过向专业领域内的学者请教，征求他们对每个量表的建议，删除明显不合适的题项。再和来自企业的高层人员进行交流，主要目的是让他们阅读问卷，提出他们认为晦涩的题项，并据他们的反映，再对问卷进行第二轮的修改，修改后的量表再向专业领域内的学者请教，以保证量表的表述完整，最后形成问卷的初稿。

问卷的纯化是对初始形成问卷开展的初步检验，主要通过预测试的方式来考察信度，并开展探索性因子分析。采用的方法是发放和回收小批量问卷，对获取数据进行分析处理，以此为依据，删除部分不合格的题项，进而形成最终问卷。

第十五章　预测试及问卷修正

第一节　定性测试

初始问卷中的测量项目设计主要来源于相关的文献资料，包括参考了国外的英文材料，由于时间、语言、翻译和文化等方面存在差异，问卷的测量题项中可能会出现晦涩、难以理解的情况。为此，本书通过和企业实务管理者交流，检查测量项目的表述是否易于理解；调查问卷的用词是否生涩，会不会导致误解及理解上的偏差；调查问题的提出是否符合实际情况，及时对个别测量题项进行纠正和修订。

本书采用向专家咨询和交流的方式对调查问卷进行修改和完善，其中主要的访谈对象主要包括创新管理方面的专家学者。通过向学者型专家求教，可以进一步搞明晰研究调查目的能否和预期的研究结论相统一；问卷内容是否存在着暗示和引导成分；问卷结构、测项语句和篇幅是否合理；问卷的测量项目能否涵盖所要测量的变量范围；翻译的内容及其语言表述是否恰当及是否符合问卷填写者的阅读习惯。以便检查问卷设计的科学及合理性，问卷所设题项的全面性及简洁性。

通过以上咨询与交流，对问卷做了进一步修改，比如，专家认为有关"开放式创新"的概念过于学术，对问卷的填写者来说可能不易理解，建议在问卷里加以详述，并认为技术关联性及技术可显性的测试在紧扣核心要义上还存在差距，建议进行修正。同时，对企业技术创新开放度的测量方面，专家也提出这是一个比较的概念，如在测量时最好在每个测量项目前加上"与同类企业相比"，同时要考虑时间概念，因此最好再加上"近几年内"等。本书采纳了以上建议对问卷进行了修改。企业界管理者提出，在测量时，技术模块化的第一条测项"技术秘密内化"较专业，特别是对非技术领域的企业管理者来说有点不太好懂，建议进行修正。针对以上的建议和意见，本书在遵循测量目的不变的前提条件下，在部分测量项目中进行了语句的调整、删减，从而使问项的表述更加简洁且通俗易懂。

第二节　预测试

一、预测试

本书先期通过小样本的调查及数据分析对问卷的可信度和有效程度进行了测试，并依据测试结果对问卷中相关题项做了进一步修改，为大规模问卷采集数据做好铺垫。

1. 小样本收集数据及样本描述

2014 年 11 月，利用个人的社会关系向 IT 企业、制造型企业发放初始问卷共计 70 份，被调查对象大多是企业的中高层管理人员，有技术人员，也有非技术人员。去除无效问卷 14 份，获得 56 份有效问卷；根据 Gorsuch（1997）的观点，在进行因素分析时，预测试样本数最好为一份问卷中分量表题项最多的数量的 5 倍以上。本书预测试的样本数符合这一要求。该小样本的数据显示企业年龄平均在 4.78 年，行业结构中 IT 业占比 21.43%、生物医药占比 20%、机械制造占比 24.28%、石油化工占比 15.71%、通信行业占比 14.29%、其他占比 4.29%。

2. 信度检验

信度是可靠性的体现，一般用 Cronbach's a 值来进行衡量。Cronbach's a 值介于 0 到 1 之间，越是接近于 1，代表量表的内在一致性越高。若 Cronbach's a 值大于 0.7 的经验值，则表明该量表反映的内部一致性较高，说明量表题项的可靠性较高。Cronbach's a 数值小于 0.7，一致性较差，量表存在较大问题，需要重新设计。本书将采用项目总体相关系数值"个项—总量修正系数"（CICT）和 Cronbach's a 值来共同净化和删除不合格的题项，一般认为当 CITC 小于 0.5 时，就应该删除该题项。

3. 量表的纯化

经过信度检验后发现企业外部环境中网络技术资源易得的测量中的 YD4、YD5 的 CITC 值低于 0.5；技术特性的技术不确定性测量中 BD4 的 CITC 值低于 0.5；技术创新能力中的创新资源投入测量的 TR4 的 CITC 值低于 0.5，技术开放深度的测量的 KFS3 的 CITC 值低于 0.5，因此对这些题项做删除处理。删除 YD4、YD5 后的技术资源易得的量表信度系数值提高到 0.818；删除 BD4 后的技术不确定性的量表信度系数值提高到 0.756；删除 TR4 后的创新资源投入的量表信度系数值提高到 0.845；删除 KFS3 后的技术创新开放深度的量表信度系数值提高到 0.823。说明纯化后的量表具有更加良好的内部一致性。

4. 探索性因子分析（EFA，Exploratory Factor Analysis）

使用探索性因子分析的目的是确认量表的因素结构，通过数据分析结果查看能形成多少个因素或构念，以及因素负荷量的组型如何。做探索性因子分析的前提是一个量表各题项之间要相关，一般用 KMO（Kaiser-Meyer-Olkin）检验和 Barlett's 球形检验，经过检验之后，再判断是否适合做因子分析。当变量相关性较高，才适合于做因子分析（陈晓萍，徐淑英，樊景立，2012）。KMO 检验主要针对相关系数和偏相关系数的高低，数值越接近 1，说明有较大的相关，一般来说，KMO 值高于 0.7，就适合做因子分析；低于 0.5 时基本不符合做因子分析的条件。另一方面卡方值越大，显著性水平 < 0.001，就可判定适合开展进一步的因子分析。

经预测试检验，预测试中所有变量的 KMO 值为 0.707，高于经验值 0.7，近似卡方值为 836.352，Barlett's 球形检验的显著性概率为 0.000，小于 0.001，说明量表的数据适合进一步做因子分析。所有变量的因子主成分分析的数据结果显示出有 14 个主成分的特征值大于 1，可以被萃取为 14 个因子。

二、正式问卷的形成

经过上文中的预测试，删除了量表中的一些题项，最后形成正式问卷。具体来看，第一，通过定性测试，问卷中增加了有关"开放式创新"的定义说明，题项中增加了比较的概念"与同类业务企业相比"及时间概念"近几年"，删减了"技术秘密内化"过于专业的术语；第二，通过内部一致性的信度检验，删除了网络技术资源易得性量表中的 YD4、YD5 题项、技术不确定性量表中的 BD4 题项、创新资源投入 TR4 题项以及技术创新开放深度的 KFS3 题项。

第十六章　问卷发放和数据收集

第一节　企业家精神问卷发放与收集

企业家精神的调查问卷填写者主要是企业创始人或主管技术创新的高管，填写者比较特殊，主要采用 EMBA 的授课现场填写及进行企业访谈时填写，小部分以邮件方式进行，问卷发放涉及行业有生物化工、软件信息服务业、机械制造及金融业。调查问卷包括三个部分：第一部分是答卷者与企业的基本信息；第二部分企业开放度的测量条款；第三部分是企业家精神的测量条款。共计发放问卷 200 份：通过邮件发放问卷 165 份，实际回收 88 份；进行现场发放问卷 35 份，回收 30 份。共回收问卷 113 份，实际有效问卷 107 份，有效问卷回收率为 53.5%。该样本的企业年龄平均在 3.56 年。行业结构中软件信息占比 32.7%、电子及机械制造占比 27.1%、生物化工占比 15.3%、金融占比 8.5%，其他 16.4%。企业性质中国有企业性质的企业数 40 家占比 37.38%、民营企业性质的企业数 37 家占比 34.58%、外资性质的企业数 18 家占比 16.82%，其他企业 12 家占比 11.22%。

第二节　企业外部环境等其他问卷发放和收集

企业外部环境、技术特性及创新能力等构念形成的问卷调查对象为企业，主要由对企业的技术创新较为了解的人员填写。根据实际情况和研究需要，同时也考虑有效问卷回收的成功率，采用了四种方式进行问卷的发送和回收。

第一，现场发放与回收。通过和相关学院和授课教师沟通，在高校 EMBA 班级、MBA 班级的课堂发放和回收问卷。这种方式发放问卷 43 份，回收 35 份问卷，其中有效问卷 30 份。

第二，走访企业。通过与企业高层访谈的机会，当面向这些企业的管理者发放问卷并回收。通过这种方式共发放 20 份问卷，实际回收有 20 份问卷，这种渠道发放的问卷质量相对较高，共获得有效问卷 19 份。

第三，直接向同学、朋友和亲属关系中的企业高管和中层管理人员等发放问卷；并采取"滚雪球"的方式，请他们联系熟悉的其他企业的中高层管理者，以邮件形式发放调查问卷，共发放 160 份，回收 98 份问卷，信息缺失等无效问卷 11 份被删除，实际获得的有效问卷 87 份。

第四，利用互联网的社交工具，通过自身所在的企业家管理协会 150 人 QQ 群、登山俱乐部 150 人 QQ 群以及同乡校友会 100 人 QQ 群，以及微信圈好友，选择具有企业管理、技术管理经验的目标参与者，用网络传输方式共计发放 200 份问卷，回收 107 份问卷，这种渠道问卷的填写质量较差，经筛选得有效问卷 67 份。

表 4-2　问卷回收情况一览表

问卷情况	问卷份数	占实际发放问卷的比例
实际发放问卷	423	100%
回收问卷	260	61.46%
无效问卷	57	13.47%
有效问卷	203	47.99%

小　结

本部分内容中首先说明了调查问卷设计的原则与程序，再叙述了企业技术创新开放度，企业创新主导者企业家精神、企业外部环境包括技术保护力度、互联网技术资源易得性与网络参与者交互性及互联网技术交易风险性，技术特性因素的维度则包括技术关联性、技术可模块化、技术不确定性及技术可显性，以及技术创新能力因素包括创新资源投入、技术知识积累、技术协同能力及企业组织创新的能力等在内的测量题项的产生过程。通过预测试对问卷的有效性和可靠性进行了检验，并在此基础上对初始问卷进行了修订，形成了最终问卷。最后阐述了本书将要采取的数据分析方法及重点要分析的内容。

第五部分 假设验证及数据分析结果

　　按第四部分中的渠道和步骤发放调查问卷并回收之后，本部分将使用SPSS19.0统计软件包、AMOS21.0统计软件包对样本数据进行了分析处理，检验提出的研究假设。本部分内容主要包括缺失数据处理方法、对样本和研究变量进行描述性统计分析、对测量的信度和效度进行检验，在此基础上做出模型的相关分析和回归分析。

第十七章　基本数据分析

第一节　缺失数据处理及样本量分析

一、缺失数据处理

缺失数据处理就是判断有多少数据能被有效使用。对于不完整的数据如缺失因变量的值，则应被剔除（Hair，Black，Babin，Anderson & Tatham，2006）。而对满足问卷的总体上 80% 及以上的答题率、回答用来测量每个因变量的 2 个以上题项这两个标准的不完整数据可以采用合理的方法进行替代（林嵩，姜彦福，2006）。一般情况下随机缺失数据的缺失率低于 5%，不会造成统计资料的缺陷（Cohen，2013）。本书考虑到因数据缺失会造成统计检验偏差而结果不可用，决定对因变量缺失的问卷全部剔除，并采用自变量的测量题项答题率在 95% 以上的标准。经剔除整理后，可用的 203 份问卷正文的数据缺失率仅为 1.5%。本书经过仔细查验后发现所缺失的数据没有明显规律，况且，1.5% 的缺失率远低于经验值水平 5%，所以本书认为此数据的缺失将不会对本书产生明显的影响。

对于可用问卷中存在的随机的缺失数据，本书采用均值替代法即用存在缺失数据的题项的全体样本均值取代该变量的缺失值来处理（Hair 等，2006），以降低数据缺失可能造成的统计均值的偏差（Little & Rubin，2014）。本书变量测量的数据缺失率较低仅为 1.5%，采用均值取代法不会影响样本的整体性，由此带来的对统计分析的影响可以忽略不计。

二、样本容量分析

结构方程通常需要足够大的样本，只有这样模型拟合度的检验值才能够近似卡方分布。但是在现有的结构方程模型理论研究中，对于具有样本容量的大小学者们仍然存在着不同的看法。Anderson 和 Gerbing（1992）认为 100-150 是采用结构方程模型进行分析的最低样本数量，Boomsma（1985）认为少于 100 的样本容量所产生的分析结果可靠性较低，建议样本容量在 100 以上，大于 200 则更好。就因子分析而言，Nunnally（1967）因做出"样本容量在变量的 10 倍"的提议而受到广泛接受。本书的有效样本量是 203，符合结构方程做因子分析的基本要求。

第二节　描述性统计

一、样本企业的成立年龄及员工总人数信息

从企业成立年限上看，3 年以下的企业占总量的 16.75%，3 到 5 年的企业占总量的 23.65%，6 到 10 年的企业占总量的 18.22，11 到 20 年的占总量的 23.15%，21 年及以上的占总量的 18.23%。员工数量方面，不到 100 人的企业占到总量的 24.13%，100 到 299 人的企业占到总量的 28.08%，300 到 499 人的企业占到总量的 14.78%，500 人到 999 人以的企业占到总量的 13.30%，1000 人以上的企业占到总量的 19.71%。

表 5-1　样本企业年龄及员工人数信息

企业成立年限	样本数	比例（%）	员工人数	样本数	比例（%）
3 年以下	34	16.75	100 人以下	49	24.13
3 到 5 年	48	23.65	100 到 299 人	57	28.08
6 到 10 年	37	18.22	300 到 499 人	30	14.78
11 到 20 年	47	23.15	500 到 999 人	27	13.30
21 年及以上	37	18.23	1000 人及以上	40	19.71
合计	203	100	合计	203	100

二、样本企业所属产权性质信息

按照产权性质将获得的 203 份样本进行分类，其中，国有企业（含国有控股）89 个，占样本总数的 43.84%；民营企业（含私人控股）86 个，占样本总数的 42.36%；外资企业（含外资控股）23 个，占样本总数的 11.33%；其他性质的为 5 个，占样本总数的 2.47%。如下表 5-2 所示。

表 5-2　样本企业产权性质分类

产权性质	样本数	比例（%）
国有企业（含国有控股）	89	43.84
民营企业（含私人控股）	86	42.36
外资企业（含外资控股）	23	11.33
其他	5	2.47
合计	203	100

三、样本企业的资产规模信息

按照企业资产规模来分，5000 万元以下的占到总量的 15.76%，5000 万到 1 亿的企业占到总量的 24.14%，1 亿到 5 亿元的企业占到总量的 22.16%，5 亿元到 10 亿元的企业占到总量的 16.75%，10 亿元以上的企业占到总量的 21.19%。

表 5-3　样本企业产权性质分类

资产规模	样本数	比例（%）
＜5000 万	32	15.76
5000 万到 1 亿	49	24.14
1 亿到 5 亿	45	22.16
5 亿到 10 亿	34	16.75
＜10 亿元	43	21.19
合计	203	100

四、样本企业所属行业信息

将 203 个样本企业按照所述行业进行分类，其中，食品生产业 10 个，占 4.93%；纺织服装业 15 个，占 7.39%；机械制造业 31 个，占 15.27%；建筑业 15 个，占 7.39%；通信设备制造业 24 个，占 11.82%；IT 业 38 个，占 18.72%；石油化工业 24 个，占 11.82%；生物制药 22 个，占 10.84%；金融业 13 个，占 6.40%；商业及其他 11 个，占 5.42%。如下表 5-4 所示。

表 5-4　样本企业所属行业分类

行业分类	样本数	比例（%）
食品行业	10	4.93
纺织服装业	15	7.39
机械制造业	31	15.27
建筑业	15	7.39
通信行业	24	11.82
IT 行业	38	18.72
石油化工业	24	11.82
生物制药	22	10.84
金融业	13	6.40
商业及其他	11	5.42
合计	203	100

五、样本填写者的职务等级和工作性质信息

按照职务等级分，高层管理人员 97 人，占样本总数的 47.78%；中层管理人员 85 人，占样本总数的 41.87%；技术主管 21 人，占样本总数的 10.35%。按照工作性质分，技术研发人员占样本总数的 38.42%；生产人员占样本总数的 32.51%；市场销售人员占样本总数的 14.78%；行政后勤占样本总数的 14.29%。

表 5-5　样本填写者职级及岗位信息

职级	样本数	比例（%）	岗位	样本数	比例（%）
高管	97	47.78	技术岗	78	38.42
中层管理	85	41.87	生产岗	66	32.51
其他	21	10.35	销售（市场）	30	14.78
			行政后勤	29	14.29
合计	203	100	合计	203	100

第十八章 企业家精神对技术创新开放度的影响

第一节 企业家精神与技术创新开放度

企业家精神是一种重要而特殊的无形生产要素，是企业家组织建立和经营管理企业的综合才能的表述方式。熊彼特认为企业家精神就是一种不断创新的精神，是社会发展的推动力量。企业在企业家的主导下实施创新，并依靠其个人直觉、判断、智慧、经验、冒险和洞察力等素质，来预见企业未来的发展，通过企业家的价值观、权力和意志来约束或促进企业的发展。德鲁克认为企业家精神中最主要的是创新，进而把企业家的领导能力与管理等同起来，即企业家是组织的奠基人、是企业的管理者、企业创新型领导者。

技术创新开放度是外部组织获取技术资源的程度。具备创新精神并擅于合作的企业家为尽可能地获取外部的技术资源，将采取广泛的、更深入的开放创新，而竞争精神强且勇于冒险的企业家则更愿意独自研发获取技术的垄断收益彼得。影响企业技术创新开放度的企业家精神研究模型如下图所示。

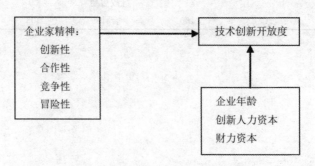

图 5-1 企业家精神影响技术创新开放度研究模型图

一、创新性和技术创新开放度的关系

创新性是企业家为满足发展需要而持续不断创新的意识和能力。企业家被定义为通过技术创新或组织创新来开拓和利用市场机会的人,"革新"和"创新"是企业家的准则(Schumpeter,1962)。不断创新,永不满足,是企业家精神永不衰退的最原始动力。Ireland 等学者(2001)认为,企业家精神就是创造新资源或以新的方式利用已有资源,以开发新产品并实现新产品的商业化,为新客户提供服务。企业家的创新精神会直接影响企业的创新意愿,进而转化为具体的创新行为,从而促使企业及时做出创新决策(杨东、李垣,1996)。外在科技日新月异的变化、内在企业家精神的创新冲动,在双轮驱动下,中国企业家已不满足依靠内部的资源进行创新,因而与外部组织的互动获取新的科学技术知识就尤其重要。在开放创新模式下,其重要特征是既可以向外部获取新技术,也可以通过外部途径实现内部技术的商业化,即创新开放过程能促进企业新技术与外界的交流和交换。

基于以上分析,提出假设:企业家具备的创新性特质对技术创新开放度有显著的正向影响。

二、合作性和技术创新开放度的关系

合作性是企业家与外部组织合作以更快获得创新知识的意识和能力。新制度经济学基于"至少一方不同意的交易比双方都同意的交易所产生的总效用要低"的角度,认为通过合作方达成"合作解"产生的效率总是最大的。事实上人类对合作的兴趣,最起码在生物脑演化的阶段上就产生了(Dominique 等,2004)。合作关系是维系人类个体间联系的主要形态之一,核心是"互补性",事物间的可互补性导致合作并产生社会化,社会化则形成共生化世界(汪丁丁、罗卫东等,2005)。在世界共生化发展环境下,企业不再仅仅与明确的竞争对手进行竞争,而是在同新技术的发展进行动态的竞争(吴奕湖、侯先荣,2000)。在开放创新模式下,企业家通过与多个合作伙伴多角度的动态合作,大部分创新思想来源于外部而并非自己的发明成果。合作还具有协同效应,不同知识领域的结合常常能够产生全新的技术,获得技术上的突破(Das,和 Teng,2000)。企业家合作性特质高的企业容易与外部组织建立起合作的关系,从而提升了企业的技术创新开放度。

基于以上分析,提出假设:企业家具备合作性特质对技术创新开放度有显著的正向影响。

三、竞争性和技术创新开放度的关系

竞争性是企业家为巩固和加强企业的市场地位而展开竞争的意识和能力。竞争是市场经济的必然产物，竞争的核心在于"替代性"。具有企业家创新精神的企业非常重视技术的领先和积极开展研发，通常是第一个将新产品引进市场（崔凯，孙慧琳，2007）。企业家通过用新的技术替代已有的技术，新的产品替代现有的产品，来争夺别人的市场或快速扩张占领新的市场，争取利润最大化。具有竞争性的企业家的主要特征是：不畏惧行业中强大的竞争对手，对竞争的前景充满自信。企业往往通过设定远大的市场份额目标，采取降低价格和让利等大胆行动，完成既定的市场目标，体现出较强的竞争侵略性。在开放创新模式下，企业家的竞争性越强，抢占技术和市场的意识和能力就越强，企业与外部组织进行合作的可能性就越小，就算是有利用外部组织的合作行为或是产生利益上的联手行动，时间上也不会持久，因为企业的最终目的是要替代已有的技术、产品和竞争对手，攫取更高的利润。

基于以上分析，提出假设：竞争性对技术创新开放度有显著的负向影响。

四、冒险性和技术创新开放度的关系

冒险性是企业家超越自身能力追求高的创新目标并承担潜在失败风险的意识和能力。企业家们是敢于冒险和承担风险的有高度技能的职业阶层（谭力文，1998），是天生的探险家。萨伊甚至干脆把企业家定性为冒险家，认为企业家自创业之初，就会考虑到可能会承担破产的风险。冒险精神是企业家人格的主要构成要素之一，是企业家创业和经营过程中不可缺少的人格特质。企业家精神是一项包含风险性和不确定性的短暂的活动，是进行熊彼特式的破坏性创新活动。企业管理的核心内容就是企业家在经济上的冒险行为，即冒险的目的是为了获得高额利润。开放式创新的前提是企业间达成合作，创新主体和应用主体分离势必在创新收入分配上体现价值创造和价值获取，导致创新利润在合作参与者间瓜分；该模式下企业边界可以渗透，创新中涉及多异质性主体的重复交易，极易造成技术泄密或技术共享。从而给企业带来负面影响，因此，企业家冒险精神特质高的企业在创新中会选择独自进行，避免与外部合作。

基于以上分析，提出假设：冒险性对技术创新开放度有显著的负向影响。

本书还增设了企业年龄、创新人力资本、财力资本等控制变量。企业年龄影响着企业家的开放创新决策，成立时间较长的企业家人脉资源丰富，往往能积累较多的外部创新合作伙伴。企业具备的人力资本特别是创新型人力资本的多寡是企业家选择开放度的重要因素。企业实际拥有的财力资本是约束企业开放创新的主要因素，是财大气粗还是捉襟见肘往往决定着企业家做出创新模式的方向。只有控制住这些变量的影响，才能更好地了解企业家精神特质对开放度的影响。此外，企业的销售特别是新产品的销售也往往会影响企业的研发投入强度，从而直接影响企业开放创新的行为及创新资源配置，因此本书将之作为新增变量加入模型中进行稳健性检验。

第二节　数据及验证结果

一、数据来源及分析

（一）本书采用问卷调查的方式，通过访谈企业家及搜集相关数据进行实证检验。研究模型解释变量为创新性、合作性、竞争性及冒险性，被解释变量为技术创新开放度。本书企业家精神中创新性、竞争性及冒险性维度，参照学者（Lumpkin，Dess，2001）量表并进行选择调整，合作性维度由于没有适合的量表，本书选择自行开发。过程如下：第一步：通过文献中概念内涵的研究提示分别抽取及编写测量条目，经分析整合形成初步的测量条目。第二步：走访企业家收集了直接表征各维度的现象描述。第三步：将收到的建议与初期的测量条目及建议进行分析和归纳，为了保证其内容效度，还约请课题之外的专家帮助审查修改，最终形成具备典型性的测量条目及完善调查问卷。第四步：将调查问卷在不同类型的企业中进行预测试。第五步：对所收集的数据进行探索性因素分析，采用了最常用的主成份分析方法和方差极大法旋转。发现这些条目形成 5 个主成分，通过优化后最终 5 个维度保留了 15 个条目用于测量，项目优化后预测试的探索性因素分析总体信度系数（Cronbach's α）为 0.75，达到了管理学研究所通常要求的“信度系数大于 0.7”的标准。

（二）主研究样本信息

本书主研究数据采集对象为企业，问卷填写者主要是企业创始人或主管技术创新的高管，采用现场填写及邮件方式进行，历时两个月。行业涉及生物化工、机械制造及软件信息服务业等。问卷发放涉及行业有生物化工、软件信息服务业、机械制造及金融业等，问卷发放主要采用现场填写及邮件方式进行。我们的调查问卷包括四个部分：第一部分是答卷者与企业的基本信息；第二部分企业开放度的测量条款；第三部分是企业家精神的测量条款。共计发放问卷 200 份：通过邮件发放问卷 165 份，实际回收 88 份；进行现场发放问卷 35 份，回收 30 份。共回收问卷 113 份，实际有效问卷 107 份，有效问卷回收率为 53.5％。该样本的企业年龄平均在 3.56 年。行业结构中软件信息占比 32.7％、电子及机械制造占比 27.1％、生物化工占比 15.3％、金融占比 8.5％，其他 16.4％。企业性质中国有企业性质的企业数 40 家占比 37.38％、民营企业性质的企业数 37 家占比 34.58％、外资性质的企业数 18 家占比 16.82％，其他企业 12 家占比 11.22％。

二、数据结果

（一）信度、效度

本书采用探索性因子分析（EFA）及验证性因子分析（CFA）来检验量表的信度及效度。信度检验采用 Cronbach's α 系数评价，所有变量的 Cronbach's α 系数值为 0.766，同时 5 个维度即的 Cronbach's a 值均超过了 0.7，说明量表具有较高的内部结构一致性，符合信度要求。本书的调查问卷经过笔者所在的由一名教授、两名博士生、多名研究生组成的学术小组的讨论和审核，以及与多位企业高层管理人员的讨论和修改，并进行初测试并调整，量表具有较高的内容效度。经检验，所有变量的 KMO＝0.766，高于 0.7，巴利特检验的显著性概率为 0.000＜0.001，说明量表的数据适合做因子分析。所有变量因子主成分分析的结果显示共有五个主成分的特征值大于 1，可以被萃取为五大因子，且各因子上的载荷绝对值系数在 0.6 以上，说明各因子中的原始变量有较显著的相关性。提取出的五大因子累计方差贡献率达到 75.637％（临界值为 60％），涵盖了数据中大部分信息，表示量表对于所测量的概念具有较好的解释力。本书对概念模型的自变量的潜变量进行了验证因子分析，自变量中 4 个潜变量的分析结果表明，X2/ df 值为 2.149，小于严格标准值 3；CFI 值为 0.92，大于 0.90；RMSEA 值为 0.092，高于 0.08 但小于 0.1，NNFI 值为 0.89，高于 0.80 略低于 0.9，总体看来，自变量四因子模型对样本数据的拟合程度较好。以上结果表明，企业家精神四个维度概念清晰，相互之间有足够的区分度。相关数据分析见下表5-6。

表 5-6　探索性及验证性因子分析结果

	EFA 值因子载荷值					CFA 值
	KFD	CX	MX	HZ	JZ	
技术创新开放度（因变量）						
1. 与外部组织有过两个或以上的项目技术合作	0.882	0.214	−0.089	0.160	−0.060	
2. 与外部的两个或两个以上的组织有过技术合作	0.812	0.171	−0.135	0.216	−0.043	
3. 与外部组织建立了技术上的长期战略伙伴关系	0.697	−0.032	0.086	0.300	−0.223	
4. 与外部组织有过关键性技术的合作	0.696	0.192	−0.183	0.111	0.116	
创新性（我们公司负责人）						
5. 重视研发，勇于创新，力争成为行业技术领先者	0.179	0.890	0.056	0.066	−0.003	0.64
6. 对新市场有敏锐的洞察力，总在积极寻找创新机会	0.087	0.857	0.091	0.140	0.020	0.70
7. 主张在行业中率先引进新产品、新技术	0.185	0.823	0.035	0.156	0.114	0.62
冒险性（我们公司负责人）						
8. 总是采取大胆决策、以激进的姿态获取高利润	−0.050	0.174	0.891	0.068	0.165	0.75
9. 倾向于投资高风险、高回报的项目	−0.036	0.065	0.883	−0.072	0.168	0.88
10. 在面对不确定性时，常常抱有侥幸成功的心理	−0.320	−0.069	0.686	−0.124	0.301	0.67
合作性（我们公司负责人）						
11. 认为合作方能分摊新技术的开发成本，实现合作共赢	0.177	0.197	−0.102	0.824	0.167	0.52
12. 认为和外部组织合获取新技术的速度更快	0.196	0.142	0.082	0.796	−0.142	0.55
13. 认为和外部组织合作能减少新技术开发的风险	0.261	0.057	−0.095	0.786	−0.072	0.86
竞争性（我们公司负责人）						
14. 常常采用促销方式扩大市场份额	−0.159	0.149	0.224	0.071	0.847	0.95
15. 会主动发起价格战逼退竞争者	0.046	−0.023	0.330	−0.129	0.804	0.66
特征根值	4.510	3.144	1.469	1.222	1.001	
对总方差的解释（%）	30.063	20.958	9.792	8.147	6.676	
信度（Cronbach's α）	0.827	0.859	0.839	0.798	0.746	

注：n＝107；EFA 因子分析法采用主成分分析法萃取因子，方差极大法正交旋转

此外，我们加入企业销售以进一步检验模型的稳健性。企业销售数据是根据企业上年末的销售总额分为 500 万、500 万－1000 万元、1000 万－5000 万元、5000 万－1 亿元及 1 亿元以上。本书还控制了企业年龄、创新人力资本、财务实力变量。企业年龄按企业成立时间分为小于 3 年、3－6 年、6－10 年、10－20 年及 20 年以上。企业人力资本根据企业近两年内专门从事研发工作的人员占员工总人数的平均比重分为少于 2％、2％－5％、5％－10％、10％－20％、20％－40％及 40％以上。企业规模主要根据资产分为少于 5000 万、5000 万－1 亿、1－5 亿元、5－10 亿元及 10 亿元以上。

（二）变量描述性统计及相关系数分析

变量的 Pearson 相关系数分析的目的是为了找出变量两两之间可能存在的相关性，本书中所有变量的相关系数如下表 5-7。

表 5-7 变量描述性统计与 Pearson 相关系数

变量	均值	标准差	1	2	3	4	5	6	7	8
1. 企业年龄	3.560	1.448	1							
2. 创新人力	3.190	1.691	0.610***	1						
3. 财力资本	3.810	1.533	0.613**	0.617***	1					
4. 开放度	3.715	0.906	0.256**	0.331***	0.294**	1				
5. 创新性	3.799	0.792	−0.204*	0.073	0.012	0.364***	1			
6. 合作性	3.863	0.727	0.042	0.054	−0.056	0.491***	0.330**	1		
7. 竞争性	2.734	0.962	−0.208*	−0.024	−0.070*	−0.150*	0.117*	−0.071	1	
8. 冒险性	2.421	0.896	−0.169*	−0.121	−0.064	−0.246**	0.096	−0.113	0.307***	1

1 注：N＝107，Significance Level：* $p<0.05$，**$p<0.01$，***$p<0.001$，（two-tailed tests）

从表中可以看出，所有关键变量的均值分布在 2.42～3.71 之间，标准差分布在 0.73～0.96 之间，说明各变量的测量具有很高的稳定性。从 Pearson 相关系数值（黑体值）可以看出技术创新开放度与创新性、合作性存在显著的正相关关系，并与竞争性、冒险性存在显著的负相关关系；技术创新开放度与控制变量企业年龄、企业创新人力资本及财力资本有显著的正向关系。在此基础上，进行回归分析以进一步对假设进行验证。

（三）回归分析及稳健性检验

本书采用多层线性模型方法对提出的假设进行检验，分析结果如表 5-8如示。在模型 1 中，仅仅加入了控制变量对结果变量技术创新开放度进行解释；模型 2 加入了本书感兴趣的解释变量创新性、合作性、竞争性及冒险性。从模型 2 可知，在控制了企业年龄、企业创新人力资本及企业财力资本变量之后，创新性（系数为0.299，且p<0.01）对技术创新开放度产生显著的正向影响，创新性对技术创新开放度的正向影响假设得到验证；合作性（系数为0.371，且p<0.001）对技术创新开放度产生显著的正向影响，合作性对技术创新开放度的正向影响假设得到验证；竞争性（系数为−0.028，P>0.05）对技术创新开放度产生负向影响但非常不明显，竞争性对技术创新开放度的影响假设没有得到验证；冒险性（系数为−0.16，且P值分别<0.05）对技术创新开放度产生显著的负向影响，冒险性对技术创新开放度的正向影响假设得到验证。模型3加入了企业销售变量，进行回归后发现，加入新变量后并不影响自变量的符号及显著性，说明模型具备较好的稳健性。

表5-8　技术创新开放广度影响因素回归分析

变量	模型 1	模型 2	模型 3
	回归系数	回归系数	回归系数
常数项	3.684***	1.057*	.879*
控制变量			
行业类别	0.089	0.214*	0.166*
企业年龄	0.341*	0.145	0.064
企业规模（资产额）	−0.098	−0.012	−0.112
企业规模（销售额）			0.212*
企业外部环境			
技术保护力度		0.299**	0.275**
互联网技术资源易得性		0.371***	0.399***
与互联网用户交互性		−0.028	−0.032
互联网技术交易风险性		−0.160*	−0.156*
F	4.525	10.767***	10.339***
R^2（调整后）	0.092	0.437	0.465
ΔF		6.242	−0.428
ΔR^2		34.5%	2.8%

注：N=107，Significance Level：* p<0.05，** p<0.01，*** p<0.001，（two-tailed tests）

第三节　实证结果分析

经上述数据统计，企业家精神的四个维度中创新性、合作性正向影响技术创新开放度显著，竞争性对技术创新开放度的负向影响不太显著，冒险性对术创新开放度的影响负向影响显著。

　　企业家的创新性对开放度有显著的正向影响。作为企业创新活动的倡导者和组织者，企业家具有极强的创新意识，他们积极和外界接触、沟通，主动创造和开启多样式的情境，寻求与新的条件和人群进行交互作用，遇到预料之外的对立或互补的知识要素，获得变化的动机、机会和手段，以便随时改进技术、调整产品及市场策略。为了力图创造出高价值的新技术、新产品，或把内外部资源组合成新的更具生产力的形态，创新性特质高的企业家会充分利用这种新的创新模式在更广泛的范围内长期寻求和交换新知识和新技术，从而企业的开放度高。

　　合作性对开放度有显著的正向影响。开放创新模式的作用在于减少信息成本，促进参与合作者各方收益的一致性，企业家合作性特质越突出，越趋向于与用户、供应商、大学和研究机构、甚至竞争对手合作，获取互补性新产品构思或产品技术，共担创新风险和成本，实现通过资源与能力的交换达到协同效应，企业的开放程度越高。

　　冒险性对技术创新开放度有较为显著的负向影响。商品经济的动态性及瞬息万变的市场环境，导致企业的经营和创新过程充满不确定性，创新性和合作性正向影响开放度显著，创新性特质高的企业家会在更广泛的范围内寻求和交换新知识和新技术；合作性特质越突出的企业家，越趋向于与更多组织合作获取新构思或技术，通过资源与能力的交换达到协同效应，企业创新开放程度越高；冒险性特质高的企业家为了获取技术垄断带来的高额利润，愿意冒着不确定的研发风险独自行动因而开放度低。

　　实证结果表明竞争性负向影响技术创新开放度但不显著，说明在全球经济一体化发展下，企业间的竞争更多表现为合作下的竞争。企业家的竞争性对开放度有负向影响，但不显著。我们认为原因可能有三个：一是我国还远未建立起公平的竞争环境，企业家没有把"竞争取胜，实力为先"的盈利模式放在首位；二是在中国自古以来的"中庸思想"的桎梏，中国企业家长期以来养成外在表现温和仁爱谦虚的行为习惯，因而在问卷的填写者看来企业家竞争性不强烈，未能反映出企业家竞争性特质的真实情况。三是本书的问卷中出现"促销"、"主动发起价格战"的强竞争性描绘似有贬的含义，从而导致问卷的填写与其本人真实意图不符。

　　值得关注的是，企业家精神是企业家特殊技能（包括精神和技巧）的集合（陈福生等，2009），本书描述的创新性、合作性、竞争性及冒险性四个维度的企业家精神特质，并不全体现在具体的某个企业家身上，不同企业家体现出来的特质内涵及程度并不同，有的企业家身上会有某个特别突出的特质呈现，或随着文化环境及市场环境的变化而改变。企业家只有对自己的精神特质有充分的认知，才能对创新的开放度有准确的把控，通过开放创新最大限度广集创新资源为企业的创新活动所用。

第十九章　企业外部环境对技术创新开放度的影响

第一节　企业外部环境与技术创新开放度

经本书剖析，开放创新情境下，影响技术创新开放度的环境因素中包含法制因素，主要构成维度为技术知识保护力度；以及互联网环境因素，主要构成维度为互联网资源易得性、与网络参与者交互性及互联网技术交易风险性。下面分别提出假设。

一、技术知识保护力度与技术创新开放度的关系

自学术界将技术创新看作是知识的生产以来，对专利在内的技术知识保护就成为关注的焦点。有部分学者认为专利制度保护技术创新者的垄断行为导致社会福利缺失，形成先进技术的价格垄断或技术垄断，妨碍科学技术的广泛传播，不利于技术落后的发展中国家（Nordhaus，1972；Ordover，1991；Helpman，1993；Chin & Grossman，1998）。对此，一些学者进行了反驳，认为由于专利制度要求申请的专利需要披露相关的知识，由此带来的知识溢出效应的影响，以及专利带来专有收益权，使得知识产权保护对发展中国家也具有正的影响作用，其创新水平会随着知识产权保护水平的加强而提高（Chen & Puttitanun，2005；Denicolo，1996；Ginarte & Park，1997）。胡凯等（2012）在研究中使用 1997 年到 2008 年十年的中国各省面板数据证实，中国大部分省区已超越了技术知识产权保护的阈值水平，此时加强知识产权保护能够显著促进创新。2001 年中国加入《与贸易有关的知识产权保护协议》。同年，新修改的专利法及强化专利权保护的系列措施开始实施，中国对知识产权执法的力度加强。2002－2012 十年间，中国各机构申请的发明专利数量及发明专利的授权数量（包括在国内和国际）的年复合增长率

120

都在 30% 左右，中国专利申请数在 2002—2012 十年间的增长速度要远高于技术专利保护力度弱的 1992—2002 的十年，至 2012 年中国的专利申请数已超过美国和欧洲齐平（见下图 5-2）。据汤森路透集团最新的 2014 年《世界上最有影响的科学头脑》研究报告，2014 年全球入选的高引用率（在 SCI 和 SSCI 期刊上发表论文）的 3215 位科学家名单中中国有 163 名（中国大陆 112 位）学者上榜，数量上仅次于美国、英国和德国。同时有研究表明，德国、美国正是利用了专利保护有力地推动了其国家的科学和工业的发展（涂国强，2012）。显然，对技术知识产权的保护以及对技术知识保护力度的加强是一国技术创新水平提高的一个重要原因。

本书所指技术知识保护力度的加强不仅指法规的建立和完善，且包含相关执法力度的加强。技术知识保护力度强化会促进有用知识的拥有企业交换创意和技术（切萨布鲁夫，范哈佛贝克，韦斯特，2010），帮助企业对外获取技术知识。强有力的专利保护制度能促进程度更高的开放式创新，因为强有力的专利制度能够形成外部授权的强烈意愿，保证了外部创新的有效供给（Gallini，2002；West & Gallagher，2006；方炜园等，2012），使技术需求者更易获取所需的技术。因此，知识专属权的保护程度越高，企业对外开放创新意愿越高，企业越趋向于采取高的开放度（Laurscen & Salter，2005）。反之，如果技术知识法律保护不够严格，知识不能受到合法保护并将被轻易模仿（Teece 等，1997），创造知识的企业会选择远离外部合作者，从而影响企业的开放水平（吴欣望等，2006；knusden，2006）。Zhao 和 Seibert（2006）通过实证研究发现，在实施知识产权制度相对偏弱的地区，跨国企业集团内部研发活动之间的联系更加紧密，研发活动普遍在内部实施，表明技术实力相对强的跨国企业通过研发内部化机制来弥补了外部产权保护力度不足的缺陷。在技术需求者看来，技术知识保护力度增强后，其从事仿制性研发的法律赔偿风险增加。因此，创新能力较弱的企业面临的选择是支付给技术拥有者高额的技术使用费或退出市场；而创新能力强的企业的可能策略是选择适当的方式（如交叉授权、技术入股、技术并购、技术合作等）与技术拥有者合作、与实力相当的其他组织合作研发该技术或者是自主研发。基于企业的生存需求，以及在开放创新环境下即便是最有能力的企业也重视外部知识的获取和利用（Chesbrough，2006），企业将采取与外部合作的方式获取所需的技术。按照科斯定理，产权明确对减少交易成本起着决定性作用，在产权清晰的前提下，任何冲突和纠纷都可以通过契约和谈判协议等行为解决，使资源配置以最有效的交易方式得到实现，使交易成本最小化（Coase，1937；1988），显然当技术知识保护力度较强时，技术知识的产权更明晰，技术获取产生的协商成本、契约成本及违约成本等交易成本下降，开放的边际收益显著且负效应可控，企业的技术创新外部化意愿强烈。同时当技术知识保护力度较强时，技术市场供给量较多，技术获取的可选择性更多，企业与外部合作的渠道更多，采取的合作方式及合作频次增加，企业能获取的技术的关键性模块的可能性也更大，企业的开放广度及深度增加。

综上所述，技术知识保护力度对企业的技术创新开放度有正向影响作用，因此，作如下假设以待验证：

H1：技术保护力度会影响企业的技术创新开放度

H1a：技术保护力度正向影响企业的技术创新开放广度

H1b：技术保护力度正向影响企业的技术创新开放深度

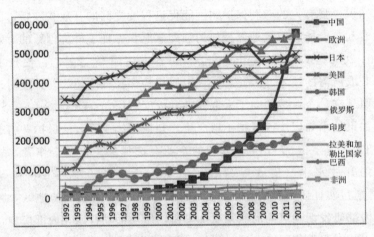

图 5-2　各国专利申请数比较

资料来源：世界知识产权组织（WIPO）数据库

二、互联网技术资源易得性与技术创新的开放度的关系

互联网技术资源易得性是指企业利用互联网平台获取技术资源的便捷程度。互联网以其开放、自由、平等的运行规则，自组织系统的特性，具有强大的储存、压缩、互通功能（Tapscott & Williams，2007）。任何人都可以在网上发表自己的创意，使前所未有的信息种类及信息量得以汇聚、整合，网络数据呈爆发式、指数级的增长。据新的摩尔定律，全球数据量将每两年翻一番。互联网网络大数据的海量、多元、异构等特征，使其就像一个记载

人类行为和物理世界特征的数字写真，无限接近真实世界，被全球用户挖掘、分析和优化（郭重庆，2014a，2014b）。信息垄断被实时互动与异步传输并举的功能所打破，在传统等级边界外的大众也可以通过编辑新内容、提供新创意等而参与到创新中来（Christensen，Olesen & Kjær，2005）。在互联网上汇聚了全球一流的设计资源、模块供应商资源以及营销资源等，并且互联网上的这些资源不专属于任何人，谁都可以使用（张瑞敏，2013）。信息逐渐变得免费（克里斯，安德森，2009），只要企业愿意，世界都能成企业的研发部（Tapscott & Williams，2007）。应用谷歌、百度等专业搜索引擎及相关检索工具，企业就能在互联网提供的丰富资源中查找并获取技术信息、技术创意等资源。基于社会资源理论，互联网参与者的弱链接关系为企业提供的多为异质性资源，从而企业能够以较低的成本获取所需的技术资源。

互联网的海量资源的获取同时也给企业带来相应的搜索成本，表现为企业所花的时间成本及人力成本的增加。但这个成本会随着网络的普及及网速的提升而随之下降。根据美国 Akamai 公司公布的历年数据显示：2010 年至 2014 年中国宽带互联网平均连接速度分别为 0.81Mbps、1.4Mbps、1.6Mbps、3.4Mbps、3.71Mbps，2015 年中国工信部计划达到的连接平均速度是 8Mbps，且接入此速率的宽带用户占比有望达到 55%。数据显示出中国互联网的连接速率呈逐年快速上升趋势，企业通过互联网获取资源的搜索成本大幅下降，利用互联网开放创新的边际成本下降。2014 年中国的互联网连接速度尚处全球排名第 79 位，这意味着全球而言，互联网资源正在以惊人的积聚速度增加，从而互联网获取技术资源的边际收益快速上升。随着和企业交往的互联网上的网络参与者数量日益增加，企业能从互联网上获取技术资源的种类日益丰富，从互联网获取技术创意及资源能给企业带来开放净收益，技术创新的开放广度逐步加大。

此外，互联网汇聚了全球的开创性人才，并为技术创意的供求双方提供了一个交易的平台。企业可以利用这个网络平台进行技术外包、技术众包等获取所需的技术资源或解决技术难题（惠新宇，何亮坤，2011），而无需将所有的科学家全职雇佣到企业内部。考虑到网络虚拟性带来的交易风险及企业核心优势的保持，企业的内部研发部门仍然需要将有限的资源集中在核心问题上进行研发（Chesbrough，2003）。网络参与者对企业的技术创新所涉及的深度必然会受影响，企业能否通过互联网获取涉及关键性模块技术的可能性不太明确，资源易得性对开放深度的影响关系暂不探讨。故做出以下假设以待验证：

H2 互联网技术资源易得性正向影响企业的技术创新开放广度。

三、与网络参与者的交互性和技术创新开放度的关系

互联网技术的发展给企业和关注企业技术及产品的网络参与者提供了新的互动环境和交流空间。网络参与者包括企业的用户、潜在用户及企业创新技术的拥有者及爱好者（含机构及个人）。企业可以通过互联网，收集、评价和筛选不同参与者提出的创意及技术信息资源，以及不被看好但留在互联网平台的技术知识或方案（即创新思想的长尾）（克里斯等，2012），以获取对企业有益的技术信息。

同时，企业可以有意识地建立某项特定技术的创新网络，吸引有兴趣的网络参与者的加入，并通过建立健全参与者的协商机制来促进有价值的创新思想的涌现（Emergence），主动地获取所需的技术信息或资源。在这个创新网络中，企业是技术创新的设计、发起、形成与发展的推动主体，占据结构洞位置，有益于将异质知识加以综合（王夏洁，刘红丽，2007）。而有志于和企业互动的网络参与者几乎可以全程参与创新过程：在产品开发之初提新创意和要求，在开发过程中可以提技术解决方案，在新技术或产品样品试用时提修改意见，并可对新品上市后进行可持续的技术改进提出建议（赵夫增，丁雪伟，2009）。

与创新参与者交互的深入程度取决于企业和参与者建立的网络信任程度，信任程度越高，双方达成的交互效果越好。最初的网络信任为认知信任：即基于网络行为的虚拟性对网络行为具有真实性观点的主观认可。由于在网络群体中的参与者缺乏现实中具有社会差别的符号和标签，因此网络上参与者间的互动均在遵循统一的规则下，发表他们各自对相关主题的真实看法而不受他人的制约（张文宏，2011）。这种信任是最易达到的一种信任关系。随着网络行为的深入双方渐渐转为关系信任，互动的双方对他人在网络互动中的行为更加认可。最后双方增进了解，达到情感信任：网络互动的主体在先验地认为他人是可信的前提下，与网络中的他人在互动的过程中会建立起的一种人际关系，是互动关系深入的标志，彼此能够进行深入的沟通（黄少华，2002）。

基于上述网络信任的达成过程，企业可以有意识地和因兴趣参与到企业

技术创新网络中来的参与者加强交流，和他们逐步建立起良好的信任关系，进而达到深层次的沟通，获知其潜在需求及其新的创意设想。同时，基于技术的社会形成理论，企业可以采用群体讨论、群体活动等方式引导创新网络中的参与者之间互识、增进参与者之间的信任互动及思想分享。在技术创新的不同环节和阶段中，互识的参与者们通过在网络中的不断交互，反复协商而建构起对技术商品的有效性的共识。企业在创新网络与参与者群体的深层次互动有利于企业获得更多来自参与者的体验信息、需求信息、解决方案和创意设想，并通过技术创新在群体中的反复交互达成技术创新的社会形成，满足社会的需求实现技术创新的成功。企业与网络参与者的互动越频繁，吸引的网络参与者会越多，网络参与者为企业提供的技术资源越丰富，企业从互联网上获取的资源就越多。

综上，从社会资源、技术的社会形成及交易成本理论的角度来看，企业通过利用互联网或自建创新网络的方式与网络参与者进行深入交互，参与交互的网络者越多，互动的频次越多，企业获取新创意越多，越易达成有效性技术的形成；同时能够节约技术研究初期的调研成本、技术研发中后期的试错成本以及技术商业化转化的初期试用成本，同时还可以节约整个创新过程的时间成本，开放收效明显，极大地提升企业对外开放以获取技术资源的积极性。因此，做出如下假设欲加以验证：

H3 与网络参与者的交互性会影响企业的技术创新开放度；

H3a 与网络参与者的交互性正向影响企业的技术创新开放广度；

H3b 与网络参与者的交互性正向影响企业的技术创新开放深度。

四、互联网技术交易的风险性与技术创新的开放度

互联网技术交易风险性是企业通过互联网进行技术交易所承担风险的可能性。互联网依靠对信息的数字化处理技术，使得互联网通过虚拟技术具有许多传统现实中具有的功能。网络交往活动面对的多是尚未谋面的陌生人，交往活动也是在以网络技术提供的虚拟信息平台上进行，与传统状态下的特定的物理实体和实在的时空位置完全不同。即网络交往及互动是一种功能的实在性，并不具有物理实体和时空位置下的实体性和可感性，同时，实际中的可触摸的外在形态及可察觉的时空位置也不复存在（吕玉平，2000）。人际间交往的这种超时空性、虚拟性及无规范性使互联网的参与者可以根据自己的需要选择跨越时空的交流对象，进而形成了各种以群体形式存在的网上

群落，这些群体不用建立有形的或正式的真实机构，每个人都是群体关系中的一个普通节点，出于各自的需求和动机进行交往互动（程乐华，李金养，2002）。

这样的网络互动中，交往的双方没有现实社会中由于地位、关系等所带来的权利的束缚，因而更为平等、自由，交往的自主性、选择性更强，参与者产生信任的程度也不会受到外界压力的影响，而是完全凭借自己对他人的感知。这种信任具有极大的不确定性，会促使行动者采取或真实或虚假的行动策略来发展或者终止与对方的互动关系。由此，互联网的虚拟性表现于两个极端，一是参与者因网络高虚拟性呈现真实信息，二是参与者因网络低约束性呈现虚假信息，前者使得网络互动中容易产生认知信任、关系信任，甚至是情感信任，交往的潜在风险性小；后者使得网络互动中容易产生交易违约且易逃避责任，交易的潜在风险性高（吕玉平，2000）。因而互联网的虚拟性不可避免地让参与其中的交易个体产生疑虑和对不可控的恐惧，害怕面对如网络交易诈骗、网络秘密泄漏，网络信息的故意隐瞒等。创新中涉及多异质性主体的合作及交易，企业需要投入大量的时间、精力和成本与合作伙伴进行交流和沟通，创新过程充满了不确定性（陈钰芬，陈劲，2008）。一旦合作失败，企业为合作而付出的大量的时间及精力将付之东流，经济也将蒙受巨大的损失，许多专用性资产投资将难以收回（罗炜，2002）。此外，网络的虚拟性导致网络传送信息中易产生信息丢失的风险，甚至产生黑客（Hacker）入侵扰乱交易系统、电子邮件泄密和信用证账号被窃风险等，因此，信息系统及信息传送的不安全是实现网上技术交易的另一个风险因素（刘晓敏，2006）。而风险对企业创新合作有着负面效应（Schmidt，2005；Veugelers & Cassiman，2005）。

网络空间的互动中，原有的现实中的约定率已变得模糊，网络符号世界的真真假假，使网络参与者之间的互动面临信任危机（黄华新，徐慈华，2003）。这种信任危机在相应的互联网法制监管尚未完善的情况下，易产生网络技术资源交易中的决策成本、协调成本及监督成本等交易成本过高，并且可能遭受技术泄密、时间成本（机会成本）及资金损失等风险，交易不确定性大风险高，边际成本增加而带来负效应的增加，企业进行网络技术交易的意愿低，企业的开放广度低。目前网络上已出现网店评级、技术交易第三方平台的存在使技术交易的可控性有所增加，企业从互联网渠道获取相应的技术新创意的意愿较强（陈红茶，王宁，2013）。即网络技术交易风险较小时，企业的开放广度会有所增加。考虑到网络虚拟性带来的风险，核心或关键性的技术交易仍然较难实现，企业能否通过互联网进行涉及关键性模块技术的交易的可能性不好判断，本书暂不讨论互联网技术交易的风险与开放深度的关系。故提出假设 4 欲加以验证：

H4 互联网技术交易的风险负向影响企业的技术创新开放广度。

综上，网络资源是企业通过各种网络联结所能调用的外部资源，能直接或间接地提高企业研发活动的有效性（甄珍等，2015）。互联网时代下，企业通过因特网连接并快速获取分布在世界各地的异质性的网络资源（覃雪源，高慧超，2009）。随着网络资源的多样性的增加，企业管理者有更大的积极性去解决创新过程中遇到的问题（Srivastavak，Gnyawali，2011），并期望获得的收益大于其支付的成本和覆盖可能承受的风险，因而获取网络资源的难易程度及承担风险的大小会影响企业实施开放创新的积极性；同时，基于网络成员间的互动产生的弱链接关系能给企业带来创新所需的异质性资源，因而与用户交互程度不同直接影响着企业获取异质性资源的获取即开放创新的实现。本书尝试从网络资源易得性、网络用户交互程度及网络交易风险的角度来分析其对企业实施开放创新的影响。此外，在知识经济及全球经济一体化发展背景下，知识产权的保护有利于研发企业向外部商业化应用以实现创新收益，也为其他企业获取外部创新的有效供给提供保障，因而多数研究认为知识产权保护能促进企业的技术创新开放度。综上，构建互联网发展及法制环境情境下的技术创新开放度影响因素研究模型，如图 5-3 所示。

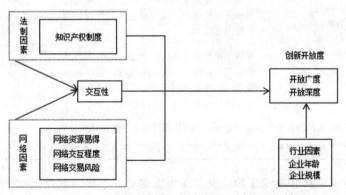

图 5-3　互联网背景下技术创新开放度研究模型图

第二节　变量选择

一、技术创新开放度

本书的被解释变量（Dependent variable）是企业的技术创新开放度。技术创新开放度是企业在技术创新过程中对外获取技术资源的开放程度的综合性指标。目前的文献主要采用开放的广度和深度两个指标度量（Laursen & Salter，2005；2006；陈劲，陈钰芬，2008）。本书成果借鉴了相关学者的研究成果对开放度的维度划分保持开放广度及开放深度，对其定义及度量适当做了修改，形成对测量的初始量表。

（一）技术创新开放广度：主要采用或借鉴 Laursen 和 Salter（2006）；Knudsen（2006）、陈钰芬，陈劲（2008）、李平，陈红花等（2014；2015）等人的文献资料，用来度量企业获取外部资源的广泛程度，详细内容见表5-9。

表 5-9　技术创新开放广度初始测量表

研究变量	操作性定义	代码	题　项	题项文献来源
技术创新开放广度	企业在创新过程中从外部组织获取技术资源的广泛程度	KFG1	和同类业务企业相比，企业近三年来与较多的外部组织（如用户、科研机构等）进行过技术上的合作	曹勇 & 李杨（2011） 李平，陈红花 & 刘元名（2014） 李平，陈红花（2015） Laursen & Salter（2006） 陈钰芬 & 陈劲（2008） Knudsen，L. G（2006）
		KFG2	和同类业务企业相比，企业近三年来与外部组织（如用户、科研机构等）合作获取的技术种类较多	
		KFG3	和同类业务企业相比，企业近三年来与外部组织（如用户、科研机构等）合作推出的新产品较多	
		KFG4	和同类业务企业相比，企业近三年来与外部组织（如用户、科研机构等）开展多种模式（如技术授权、技术并购、合作研发等）的技术合作	

变量测量采用李克特量表，具体测项用符合程度来代表分值

"1" 非常不同意，"2" 不同意，"3" 一般，"4" 同意，"5" 非常同意

（二）技术创新开放深度的度量是在借鉴曹勇和李杨（2011）、李平和陈红花等（2014）等文献基础上测量企业对外获取技术资源的深入程度，详见下表5-10。

表 5-10　技术创新开放深度初始测量表

研究变量	操作性定义	代码	题　项	题项文献来源
技术创新开放深度	企业在创新过程中从外部组织获取技术资源的深入程度	KFS1	和同类业务企业相比，企业近三年来与外部组织（如用户、科研机构等）开展的技术合作较频繁	曹勇，李杨（2011）李平，陈红花，刘元名（2014）李平，陈红花（2015）陈钰芬，陈劲（2008）Knudsen（2006）Laursen & Salter（2006）
		KFS2	和同类业务企业相比，企业近三年来与外部组织（如用户、科研机构等）合作涉及技术的关键性模块	
		KFS3	和同类业务企业相比，企业近三年来与外部组织（如用户、科研机构等）合作涉及核心技术领域	

变量测量采用李克特量表，具体测项用符合程度来代表分值

"1"非常不同意，"2"不同意，"3"一般，"4"同意，"5"非常同意

二、企业外部环境因素变量

（一）技术知识保护力度

技术知识产权是指人们对在工业、科学等领域创造的以知识形态表现的成果并依法应当享有的民事权利（吴贵生，2010）。作为企业技术获得的法制环境，技术知识保护力度不仅包括对技术知识产权制度的建立健全，还包括技术知识保护中执法的严格程度。强有力的法制制度形成了外部授权的意愿，保证了外部创新的有效供给，使技术需求者更易获取所需的技术，从而促进程度更高的开放式创新（Gallini，2002；West，2006；方炜园等，2012）。有关技术保护力度的具体测项参考了 Gallini（2002）；Zhao（2006）、方炜园等（2012）等文献，设计见下表 5-11。

表 5-11　技术保护力度初始测量表

研究变量	操作性定义	代码	题　项	题项文献来源
技术知识保护力度	指企业技术创新活动中从外部获取技术资源受法律制度保护的程度	LD1	企业获取外部的新技术时需要考虑技术的专利权	Gallini（2002）Zhao，2006；吴欣望等，2006吴贵生等（2010）；方炜园等，2012
		LD2	企业获取外部的新技术时需要考虑技术专利而带来的转让成本	
		LD3	企业获取外部的新技术时需要考虑权益被侵犯时可获得的法律保护	

变量测量采用李克特量表，具体测项用符合程度来代表分值

"1"非常不同意，"2"不同意，"3"一般，"4"同意，"5"非常同意

（二）互联网技术资源易得性

互联网技术资源易得性是从技术获得网络环境角度来考察其对企业技术创新开放度的因素。互联网技术资源易得性是企业利用互联网低成本获取技术资源的程度。互联网环境下，计算机强大的储存、压缩、互联功能，在网络开放、平等、自组织特性下，企业能够快速获得新产品新技术的信息资讯，整合和分析网络上积聚的巨大的信息量，并通过互联网以低成本、广范围的找寻创新资源，减少创新的时间并提高创新效率。本书借鉴了吕玉平（2000）、黄华新和徐慈华（2003）、惠新宇和何亮坤（2011）等学者的研究成果并适当做了修改，形成对测量的初始量表，详细内容见表5-12：

表 5-12   网络技术资源易得性初始测量表

研究变量	操作性定义	代码	题　项	题项文献来源
网络技术资源易得性	企业利用互联网获取技术资源的便捷程度	YD1	企业能在互联网资源找到有效的相关技术信息	吕玉平（2000） 黄华新，徐慈华（2003） 刘峰，张玲玲等（2007） 克里斯·安德森（2009） 惠新宇，何亮坤（2011）
		YD2	企业能够从互联网上找到大量可以合作的用户资源	
		YD3	企业通过互联网与外部沟通获取技术资源非常便捷	
		YD4	企业通过互联网下载信息资源的花费非常低廉	
		YD5	企业能够从互联网资源中及时了解全球的行业发展新动态	

变量测量采用李克特量表，具体测项用符合程度来代表分值

"1"非常不同意，"2"不同意，"3"一般，"4"同意，"5"非常同意

（三）与网络参与者的交互性

与网络参与者的交互性是指企业通过互联网与网络参与者进行高频度的技术资源的交互以获取技术资源的可能性。互联网情境下，企业可以把新创意或新概念尽快做成简单初级的原型产品，寻求用户体验和反馈，在与网络参与者的高频度互动中不断总结经验、调整认知，对产品进行快速、多次的迭代优化。企业通过互联网平台与网络上技术创新的参与者进行深度交互，既极大地降低了企业创新的整体试错成本，又更准确地捕捉市场对技术的需求以应对高度不确定的市场。本书借鉴了吕玉平（2000）、黄华新和徐慈华（2003）、王夏洁和刘红丽（2007）、杜晓静等（2014）等学者的研究成果并适当做了修改，形成对相互信任程度测量的初始量表，详细内容见表5-13。

表 5-13 与网络用户交互性初始测量表

研究变量	操作性定义	代码	题 项	题项文献来源
与网络参与者交互性	企业通过互联网与网络参与者进行高频度的交互以获取技术资源的可能性	JH1	创新过程中，通过互联网与外部进行交流互动渠道（如论坛等）较多	吕玉平（2000） 黄华新，徐慈华（2003） 王夏洁，刘红丽（2007） 杜晓静，沈占波（2014）
		JH2	创新过程中，企业通过互联网与大量的技术爱好者进行互动交流	
		JH3	创新过程中，企业通过互联网邀请用户进行新品（新技术）体验、收集用户的反馈意见建议	

变量测量采用李克特量表，具体测项用符合程度来代表分值

"1" 非常不同意，"2" 不同意，"3" 一般，"4" 同意，"5" 非常同意

（四）互联网络技术交易的风险性

互联网技术交易风险性是企业通过互联网进行技术交易所承担风险的可能性。由于网络交往及互动只依托于网络技术提供的信息平台上的一种功能的实在性，并不具有物理实体所具有的外在的可触摸性，也不具有时空位置下的可察觉的形态可感性（吕玉平，2000），因而网络使用者呈现虚假信息的约束力降低，交易违约的惩罚小且易逃避，对利益较大的交易潜在的风险性较高。故互联网的虚拟性不可避免地让参与其中的交易个体产生疑虑和对不可控的恐惧，如网络交易诈骗、网络隐私曝光等，使人与人间的互动在利益面前特别是巨大利益时容易产生信任危机，最终导致网络技术资源交易的一方受到技术泄密、资金损失及时间成本等风险。本书借鉴了吕玉平（2000）、程乐华（2002）、黄华新和徐慈华（2003）、陈钰芬和陈劲（2008）学者的研究成果并适当做了修改，形成测量的初始量表，详细内容见表 5-14。

表 5-14 网络技术交易风险初始测量表

研究变量	操作性定义	代码	题 项	题项文献来源
技术交易风险性	企业通过互联网进行技术交易所带来风险的可能性	FX1	互联网获得的技术信息存在虚假或被夸大功能的可能性大	吕玉平（2000） 程乐华（2002） 黄华新，徐慈华（2003） 陈钰芬，陈劲（2008）
		FX2	通过互联网进行技术交易承担的资金损失风险的可能性大	
		FX3	通过互联网进行技术交易后不易获得后续的技术指导及服务	

变量测量采用李克特量表，具体测项用符合程度来代表分值

"1" 非常不同意，"2" 不同意，"3" 一般，"4" 同意，"5" 非常同意

第三节　实证结果与分析

一、技术创新开放度的信度、效度分析

（一）技术创新开放度的信度分析

技术创新开放度的测项主要涵盖的内容是企业对外开放创新的广度、深度等信息，信度分析结果如下表 5-15 所示。

表 5-15　技术创新开放度的信度分析

子维度	测　项	CITC 值	删除本项后的 a 值	a 值
技术创新开放广度	KFG1：和同类企业相比，所在企业近三年来与较多的外部组织（如用户、科研机构等）进行过技术合作	.828	.887	.917
	KFG2：和同类企业相比，所在企业近三年来与外部组织（如用户、科研机构等）合作中获取的技术种类较多	.817	.890	
	KFG3：和同类企业相比，所在企业近三年来与外部组织（如用户、科研机构等）合作推出的新产品较多	.843	.881	
	KFG4：和同类企业相比，所在企业近三年来与外部组织（如用户、科研机构等）开展多种模式（如技术授权、技术并购、合作研发等）的技术合作	.761	.912	
技术创新开放深度	KFS1：和同类企业相比，所在企业近三年来与外部组织（如用户、科研机构等）开展的技术合作较频繁	.719		.837
	KFS2：和同类企业相比，与外部组织（如用户、科研机构等）合作涉及技术的关键性模块	.719		

从表 5-15 中可以看出，技术创新开放广度及开放深度的 Cronbach's a 值为 0.917、0.837 超过了 0.7，说明量表题项的可靠性非常高。开放广度的单项与总分相关系数 CITC 值最小为 0.761，最大值为 0.843；开放深度的单项与总分相关系数 CITC 值最小为 0.719。说明测项的内部一致性非常好。

（二）技术创新开放度的效度分析

对技术创新开放度进行验证性因子分析，在进行测量模型的初步验证时

发现，误差变量 KFG1 和 KFG2 之间以及 KFG3 和 KFG4 之间有共变关系，修正指数大于 5，说明残差值有修正的必要，同时与理论和经验不存在矛盾，因此对其进行了修正。修正后的结果见图 5-4 和表 5-16。

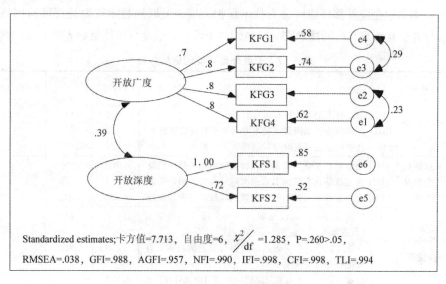

图 5-4   技术创新开放度测量模型

上图 5-4 结果表明，χ^2 值为 7.713，P 值为 0.260，大于 0.05，因此，此模型是与实际数据可以契合；自由度 df 为 6，卡方自由度比值为 1.285，小于 2，NFI、AGFI、TLI、CFI、GFI、IFI 的值均大于 0.9，RMSEA 的值小于 0.05，达到优良水平；下表 5-16 数据表明路径系数在 P＜0.001 的水平上达到显著性，可见，拟合效果较好，具有较好的聚敛效度。

表 5-16   技术创新开放度测量模型拟合结果

路　径	非标准路径系数	标准路径系数	S. E.	C. R.	P
KFG1＜——技术创新开放广度	1.000	.785			
KFG2＜——技术创新开放广度	1.022	.886	.067	15.190	＊＊＊
KFG3＜——技术创新开放广度	0.994	.838	.136	7.331	＊＊＊
KFG4＜——技术创新开放广度	0.958	.861	.135	7.092	＊＊＊
KFS1＜——技术创新开放深度	1.000	.994			
KFS2＜——技术创新开放深度	0.721	.721	.132	5.470	＊＊＊

注：＊＊＊表示显著性水平 P＜0.001

二、企业外部环境的信度及效度分析结果

（一）企业外部环境的信度分析

本书中企业外部环境构念为技术保护力度、互联网技术资源易得性与网络参与者交互性及互联网技术交易风险性四个维度。信度分析结果如表 5-17。

表 5-17　企业外部环境的信度分析

子维度	测　项	CITC 值	删除本项后的 a 值	a 值
技术保护力度	LD1: 引进技术是否获得技术专利权	.699	.813	
	LD2: 合作创新技术因属于技术专利带来的高转让成本	.772	.747	.851
	LD3: 技术权益被侵犯时可以获得公正保护	.696	.817	
互联网技术资源易得性	YD1: 企业能在互联网资源中找到有效的相关技术信息	.750	.783	
	YD2: 企业能够从互联网上找到大量可合作的用户资源	.757	.778	.858
	YD3: 企业通过互联网与外部沟通获取技术资源较便捷	.690	.839	
与网络参与者交互性	JH1: 创新过程中，通过互联网进行交流互动的渠道（如论坛等）比较多	.793	.831	
	JH2: 创新过程中，企业通过互联网与大量的技术爱好者进行互动交流	.798	.822	.887
	JH3: 创新过程中，企业通过互联网邀请用户进行新技术新产品体验、收集用户的反馈及建议的机会比较多	.753	.866	
互联网技术交易风险	FX1: 从互联网获得的技术信息存在虚假或被夸大功能的可能性非常大	.580	.645	
	FX2: 通过互联网进行技术交易承担的资金损失风险的可能性非常大	.516	.715	.742
	FX3: 通过互联网进行技术交易后不容易获得后续的技术指导及服务	.613	.605	

从表 5-17 中可以看出，技术保护力度的单项与总分相关系数 CITC 值最小为 0.696，最大值为 0.772；网络技术资源易得性 CITC 值最小为 0.690，最大为 0.757；与网络参与者交互性 CITC 值最小为 0.753，最大为 0.798；网络技术交易风险 CITC 值最小为 0.516，最大为 0.613。从 4 个维度的单项与总分相关系数 CITC 值来看，测项的内部一致性较好。

企业外部环境的 4 个维度的 Cronbach's a 值分别为 0.851、0.858、0.887、0.742，都超过了 0.7，说明量表题项的可靠性较高，表示本问卷对企业外部环境构念的测量具有较高的信度。

（二）企业外部环境的效度分析

1. 外部环境的探索性因子分析

外部环境的 KMO 检验值为 0.756，高于 0.7 的经验水平，巴利特球形

度检验卡方值为780.661，Sig 值为0.000，表明量表适合进行探索性因子分析（见表5-18）。

表 5-18　外部环境量表的 KMO 和 Bartlett's 检验

取样足够度的 Kaiser-Meyer-Olkin 度量		.756
Bartlett's 球形检验	近似卡方	780.661
	df	66
	Sig.	.000

表 5-19 中企业外部环境探索性因子分析的结果显示，特征值大于1的主成分有4个，有4个因子可以被萃取。各因子上的载荷绝对值系数均超过0.7，提取四个因子的累计方差贡献率77.145%，可见，萃取的四个因子能够反映大部分原始变量信息，说明该量表对于所测量的企业外部环境概念的解释力较高。

表 5-19　外部环境的探索性因子分析

	成分			
	1	2	3	4
JH2	**.881**	.231	−.001	−.064
JH1	**.881**	.211	.045	−.052
JH3	**.860**	.132	−.019	−.141
YD1	.157	**.872**	−.025	−.189
YD2	.238	**.850**	.043	−.175
YD3	.220	**.779**	.060	−.214
LD2	.003	−.049	**.924**	−.027
LD1	.101	−.077	**.882**	−.113
LD3	−.082	.219	**.852**	−.003
FX1	−.077	−.072	−.034	**.841**
FX3	−.099	−.329	−.062	**.764**
FX2	−.069	−.167	−.047	**.762**
转轴特征值	4.079	2.360	1.666	1.152
方差贡献率（%）	33.994%	19.668%	13.880%	9.603%
累计方差贡献率（%）	33.994%	53.662%	67.542%	77.145%

提取方法：主成分分析法。具有 Kaiser 标准化的正交旋转法（5 次迭代后收敛）。

2. 企业外部环境的验证性因子分析

首先，对企业外部环境模型组合信度及平均变异抽取值进行分析，结果如表5-20所示，验证性因素分析中的因素负荷量最小的为0.608，大于0.5；组合信度最小的为0.749，大于0.6，平均变异量抽取值最小的为0.503，大于0.5，显示了潜在变量具有良好的信度和效度，该模型适配度良好，模型内在质量佳。

表 5-20　企业外部环境检验结果

二阶潜变量名称	一阶潜变量名称	题项代码	因素负荷量	信度系数	组合信度	平均变异抽取值
技术获得环境	技术保护力度	LD1	.781	.611		
		LD2	.899	.808	.859	.671
		LD3	.772	.597		
	网络技术资源易得	YD1	.864	.747		
		YD2	.861	.740	.868	.689
		YD3	.761	.580		
	与网络参与者交互性	JH1	.875	.766		
		JH2	.886	.785	.892	.733
		JH3	.807	.651		
	网络技术交易风险	FX1	.687	.472		
		FX2	.608	.369	.749	.503
		FX3	.817	.668		

其次，对企业外部环境模型进行验证性因子分析，其测量模型图及结果摘要见图 5-5。

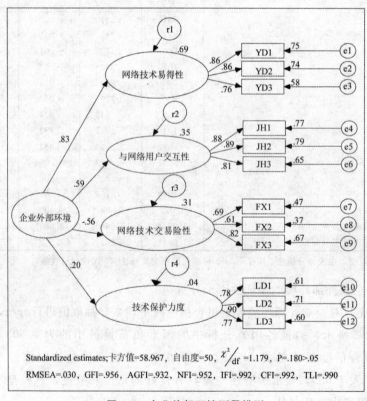

图 5-5　企业外部环境测量模型

如图 5-5 所示，企业外部环境的拟合结果表明，χ^2 值为 58.967，P 值为 0.180，大于 0.05，因此，此模型是与实际数据可以契合的；自由度 df 为 50，卡方自由度比值为 1.179，小于 2，表明模型非常适配。NFI、CFI、AGFI、GFI、TLI、IFI 的值均大于 0.9，RMSE 的值小于 0.05，达到优良水平；如下表 5-21 数据表明路径系数统计显著，拟合效果较好，构念效度较好。

表 5-21　企业外部环境的测量模型拟合结果

路　径	非标准路径系数	标准路径系数	S.E.	C.R.	P
资源易得性＜——企业外部环境	1.000	.828			
与用户交互＜——企业外部环境	.725	.590	.172	4.226	＊＊＊
交易风险性＜——企业外部环境	−.600	−.559	.153	−3.924	＊＊＊
技术保护力度＜——企业外部环境	.217	.195	.106	2.052	＊
YD1＜——网络资源易得性	1.000	.864			
YD2＜——网络资源易得性	.918	.861	.067	13.760	＊＊＊
YD3＜——网络资源易得性	.855	.761	.071	12.108	＊＊＊
JH1＜——与用户交互性	1.000	.875			
JH2＜——与用户交互性	1.070	.886	.069	15.443	＊＊＊
JH3＜——与用户交互性	1.031	.807	.074	13.849	＊＊＊
FX1＜——技术交易风险性	1.000	.687			
FX2＜——技术交易风险性	.787	.608	.112	7.055	＊＊＊
FX3＜——技术交易风险性	1.086	.817	.142	7.638	＊＊＊
LD1＜——技术保护力度	1.000	.781			
LD2＜——技术保护力度	1.094	.899	.093	11.792	＊＊＊
LD3＜——技术保护力度	1.028	.772	.092	11.157	＊＊＊

注：＊＊＊表示显著性水平 P＜0.001，＊表示显著性水平 P＜0.05

三、相关系数及回归结果

（一）变量的 Pearson 相关系数分析，相关系数如下表 5-22。

表 5-22　pearson 相关系数

变量	平均值	标准差	1	2	3	4	5	6	7	8	9
1. 行业因素	5.532	2.570	1								
2. 企业年龄	3.059	1.370	−.053	1							
3. 企业规模	3.034	1.377	.027	.574＊＊	1						
4. 开放广度	3.685	0.854	.124	−.097	.044	1					
5. 开放深度	3.640	1.009	−.012	−.146＊	−.073	.339＊＊	1				
6. 产权保护	3.223	0.878	−.015	.008	.014	.310＊＊	.092	1			

续表

变量	平均值	标准差	1	2	3	4	5	6	7	8	9
7. 网络资源	3.734	0.829	−.062	−.194**	−.105	.503**	.112*	.090	1		
8. 网络交互	3.368	0.935	−.004	−.128	.030	.538**	.305**	.190**	.401**	1	
9. 网络风险	2.754	0.812	−.096	.172*	.087	−.397**	−.113	−.084	−.375**	−.215**	1

注：$N=203$，* 表示显著性水平 $p<0.05$；** 表示显著性水平 $p<0.01$（双尾检验）

从上表中的均值来看，除控制变量外，本书所要探讨的关键变量的均值分布在 2.75～3.73 的区间，而标准差的分布也集中在 0.81～1.01 区间，说明这些关键变量的测量的稳定性较好。另外，皮尔逊相关系数显示出：被解释变量开放广度与环境因素变量中的知识保护、网络资源及网络交互存在显著的正相关关系，并与网络风险存在显著的负相关关系；开放深度与网络资源、网络交互存在着比较显著的正向关系。在此基础上，进行回归分析以进一步对假设进行验证。

（二）回归分析及稳健性检测

1. 本书采用数理统计的多层线性模型方法，同时考虑到环境的复杂性可能带来的自变量间存在的交互效应，因此对涉及交互效应的变量进行标准化，经相关性检测，确定不存在多重共线性等问题后，按以下步骤对上文提出的假设进行实证检验。

第一步，为了检验控制变量与创新开放广度及深度之间的关系，建立以下的回归分析模型一：

$$Y=\alpha_0+\alpha_{11}F_1+\alpha_{12}F_2+\alpha_{13}F_3+\varepsilon_1$$

第二步，在回归分析模型一的基础上增加法制环境因素知识产权保护力度，建立下列回归分析模型二，以检验其对创新开放广度及深度的单向作用：

$$Y=\beta_0+\beta_{11}F_1+\beta_{12}F_2+\beta_{13}F_3+\beta_{21}X_1+\varepsilon_2$$

第三步，在回归分析模型二的基础上增加网络环境变量，建立下列回归分析模型三，以检验法制与网络环境因素对创新开放广度及深度的作用：

$$Y=\delta_0+\delta_{11}F_1+\delta_{12}F_2+\delta_{13}F_3+\delta_{21}X_1+\delta_{31}X_{21}+\delta_{32}\delta_{22}+\delta_{33}X_{23}+\varepsilon_3$$

第四步，在回归分析模型三的基础上增加法制环境因素和网络环境因素的交互项变量，检验交互项对创新开放广度及深度的作用，建立以下的回归分析模型四：

$$Y=\gamma_0+\gamma_{11}F_1+\gamma_{12}F_2+\gamma_{13}F_3+\gamma_{21}X_1+\gamma_{31}X_{21}+\gamma_{32}X_{22}+\gamma_{33}X_{23}+$$
$$\gamma_{41}X_1\times X_{21}+\gamma_{42}X_1\times X_{22}+\gamma_{43}X_1\times X_{23}+\varepsilon_4$$

2. 开放广度模型验证

经实证结果如下表 5-23：在模型 1 中，仅仅加入了控制变量行业因素、企业年龄及企业规模后，对结果变量创新开放广度进行解释；模型 2 加入了本书关注的解释变量知识产权保护力度。从模型 2 可知，在控制了行业因素、企业年龄及企业规模变量之后，知识产权保护力度（系数为 0.315，且 $p<0.001$）对创新开放广度产生显著的正向影响，假设 H1a 得到验证。模型 3 加入了本书重点关注的网络环境变量即网络资源易得性、网络交互程度及网络资源交易风险性，进行回归后发现，网络资源易得性、网络交互程度的系数值分别是 0.289、0.340，且 p 值均<0.001，说明网络资源易得性及网络交互程度对开放广度都产生显著的正向影响，假设 H2、H3a 得到验证；网络资源交易风险的系数为-0.201，且 P 值 < 0.001，说明网络交易风险性对开放广度产生显著的负向影响，假设 H4 得到验证。同时对法制环境及网络环境因素的交互项检测后，发现交互项的 p 值均>0.05，对技术创新开放度的影响并不明显。

表 5-23　创新开放广度影响因素回归分析

变　量	模型 1		模型 2		模型 3	
	回归系数	T 值	回归系数	T 值	回归系数	T 值
常数项	3.684***	16.975	2.669*	8.947	1.057*	2.571
控制变量						
行业类别	.097	1.360	.105	1.551	.102	1.952
企业规模	.004	.052	.016	.218	.073	1.310
企业年龄	$-.095$	-1.280	$-.101$	-1.432	.017	.298
法律环境						
知识产权保护力度			.315***	4.707	.207***	3.939
网络环境						
网络资源易得性					.289***	4.926
网络交互程度					.340***	5.927
网络交易风险性					$-.201$***	-3.563
R^2	.019		.118		.484	
F	1.274		6.597		26.173	
P	.284		.000		.000	

注：$N=203$，*表示显著性水平 $p<0.05$；**表示显著性水平 $p<0.01$；***表示显著性水平 $p<0.001$（双尾检验）

3. 开放深度模型验证

实证结果如下表 5-24：在模型 1 中，仅仅加入了控制变量行业因素、企业年龄及企业规模后，对结果变量创新开放深度进行解释，发现企业年龄与创新开放深度有明显的负向影响；模型 2 加入了本书关注的解释变量知识产权保护力度。从模型 2 可知，在控制了行业因素、企业年龄及企业规模变量之后，知识产权保护力度（系数为 0.093，且 $p > 0.05$）对创新开放深度无明显影响，假设 H1b 未得到验证。模型 3 加入了本书重点关注的网络交互程度，进行回归后发现，网络交互程度的系数值分别是 0.287，且 p 值均 $<$ 0.001，说明网络交互程度对开放深度产生显著的正向影响，假设 H3b 得到验证。

将知识产权保护及网络交互程度的交互项加入模型 4 中，结果显示，知识产权保护对创新开放深度无明显影响，网络交互程度对开放深度正向影响显著，且交互项系数值为 -0.161，P 值 $<$ 0.05，对创新开放深度负向影响明显。

表 5-24　创新开放深度影响因素回归分析

变 量	模型 1		模型 2		模型 3		模型 4	
	回归系数	T 值	回归系数	T 值	回归系数	T 值	回归系数	T 值
常数项	3.999**	16.256	3.655**	10.229	2.761**	6.785	2.783***	6.917
控制变量								
行业类型	−.020	−.291	−.019	−.271	−.014	−.213	−.003	−.048
企业年限	−.157*	−1.825	−.157*	−1.827	−.094	−1.123	−.068	−.811
企业规模	.017	.204	.016	.188	−.028	−.333	−.037	−.448
法律环境								
知识产权保护力度			.093	1.326	.038	.560	.043	.632
网络环境								
网络交互程度					.287***	4.110	.267***	3.846
交互项								
知识保护＊网络交互							−.161*	−2.372
R^2	0.022		0.030		.107		.132	
F	1.478		1.552		4.720		4.963	
P	.222		.189		.000		.000	

注：$N = 203$，*表示显著性水平 $p < 0.05$；**表示显著性水平 $p < 0.01$；***表示显著性水平 $p < 0.001$（双尾检验）

通常情况下，交互作用可以分为两类，增强型交互作用和干扰型交互作用，实证显示知识保护力度与网络交互程度的交互项系数为－0.161，表明产生了干扰型交互作用，即随着知识产权保护力度的加强，网络交互程度对创新开放深度的正向影响减弱。交互作用如下图 5-6 所示：

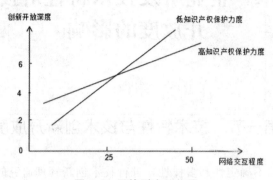

图 5-6　干扰型交互作用

此外，加入销售额作为企业规模的替换变量对开放广度、深度的模型进行分别测试，模型中各自变量的符号及显著性并没有受到影响，说明该创新度的影响模型具备强的稳健性。

第二十章　企业研发技术特性对技术创新开放度的影响

第一节　技术特性与技术创新开放度

由于技术的不确定性和多样性，进行技术创新管理研究的学者大多难以涉及技术特性带来的模式规定性（顾良丰，许庆瑞，2006）。技术特性是影响企业技术创新开放度的内在因素。为了便于知识的转移、共享与整合，企业在选择合适的治理机制时，都需要以技术知识特性为依据（Grandori，2001）。本书将从技术不确定性、技术关联性、技术可模块化及技术可显性等方面展开论述。

一、技术不确定与技术创新开放度的关系

技术不确定性是技术研发时不能对新技术或新产品的开发进行准确预测的可能性。有关不确定性导致创新开放程度的选择有三种观点：一是技术不确定性越高，企业越倾向于不开放而是采取内部研发，如 Cho 和 Yu（2000）从交易成本理论视角出发，认为随着不确定性的增加交易成本呈现较大的增幅，因而企业获得技术的首选模式是进行内部研发，以避免高额的交易成本。同时他们实证检验后得出技术不确定性越高时，企业选择自行参与的研发活动越多。二是不确定性越高，企业越倾向于对外开放合作。如侯广辉（2009）认为技术不确定性促使企业选择外部化或网络化，依靠外包、外购、联盟等方式能降低不确定性。三是合作研发与内部研发都是企业应对不确定性的策略，即不确定性越高，企业既倾向于内部研发又倾向对外合作。如汤建影（2012）通过对民营企业的研究发现，当技术不确定性较低时，企业的选择是向外部购买；而当技术不确定性较高时，民营企业的选择出现两个方向，一是选择与外部组织合作研发以降低风险分担不确定性，二是选择企业

内部自主研发降低购买成本并使风险可控。

本书认为技术不确定性对企业技术创新开放度有较大的影响。逻辑推理一：Knight（2012）认为高不确定性能产生高利润。他指出在不确定性技术高的领域内往往蕴藏着巨大的商机。特别是新兴技术的技术不确定性具有可获利性特征，是企业利润的来源（刘炬，李永建，2005）。新技术的潜在经济价值也会提高风险投资者在技术、市场和竞争等方面承担不确定性的意愿（田莉，薛红志，2009）。因而，企业在进行新技术（特别是领先技术）研发时，为了获取高额投资收益和技术的垄断利润，往往会避免或尽可能地减少与外部组织的合作。逻辑推理二：基于交易成本理论，如果某项交易需要进行特定的专属性资产投入，具有较高的不确定性，则适合在组织内部进行（Williamson，1987）。出于搜寻成本、谈判签约成本、履约成本、合作失败的风险及时间上的机会成本等因素考虑，企业应选择减少与外部组织的合作。逻辑推理三：基于技术生命周期理论视角，不确定性高的新技术往往处于创新周期的初期（产生期），处于该时期的技术及市场处于不稳定阶段（福斯特，梅特卡夫等，2005），该阶段的技术对于大部分技术人员或企业而言仍处于封闭的黑箱状态，只有很少部分的个人或领军企业能够理解该项技术（曹勇，赵莉，2013）。逻辑推理四：从竞争性来说，企业希望能独家占有技术实行技术垄断，甚至在新技术研发时也秘而不宣。为了保持技术上的竞争优势，处于价值链的顶端企业大都倾向于将核心技术隐蔽化（邹昊，2006）。基于上述文献整理，提出假设5：

H5：技术不确定性会影响企业的技术创新开放度。

首先，分析技术创新开放广度与技术不确定性的关系：① 技术不确定性高（技术的产生期）时，技术需求企业在市场上获得技术资源的渠道较少，即便参与合作研发也只能获取少量技术资源，且该技术的风险极大交易成本极高，企业倾向于自主研发，开放广度极低。② 当技术的不确定性减弱（技术转向成长期），市场上的主导技术形成。为了占领市场主导技术的拥有企业愿意加强与外部合作以实现技术的商业化转化获得利润，此时该技术市场的产品种类及供应企业数量较少，技术的获取代价（交易成本）较高，技术需求企业的开放广度仍然较低；③ 随着技术向成熟期的过渡，技术标准化完成，消费者市场需求旺盛，类似技术及产品种类增多，技术供应者增加并迫切需要获取技术的价值最大化。因此，技术需求者可以通过技术购买、获得技术授权等较多的方式从外部获取技术资源，获取的交易成本也迅速下降，从而企业倾向于技术的外部化，开放广度迅速增加；④随着技术向衰退期的过渡，市场趋于饱和，技术竞争力下降，技术拥有者打算退出并开始研发新的技术，该技术的提供者增加、技术种类增加、技术合作模式多样，企业获取技术的议价能力加强，能够以极低的成本获取技术资源，技术需求企业的开放意愿增加，开放广度达到最高。因此，提出假设：H5a：技术不确定性负向影响企业的技术创新开放广度。

其次，分析技术创新开放深度与技术不确定性的关系。技术不确定性高的技术及市场处于不稳定阶段（福斯特，梅特卡夫等，2005），所需投入资源多创新风险大，在此阶段该技术对于大部分技术人员或企业而言仍处于封闭的黑箱状态，只有很少部分的个人或领军企业理解该项技术（曹勇，赵莉，2013），因此企业并不容易找到合作者。但一旦企业找到能力相匹配、愿意共担风险者，合作双方基于技术前景的共同认识愿意进行深度合作，共同研发新技术；同时由于处于技术的极不成熟期，技术路径及技术成果极不确定，双方合作时会比较信任，研发人员接触及交流极为频繁，合作程度较深；随着技术的不确定性下降，技术发展的路径逐渐明晰，出于企业的逐利本质双方都希望自己率先推出主导性新技术，或进行商业化转化占得市场先机，双方愿意共享的资源与信息将会减少，因此开放深度下降；随着其中一方率先获得技术专有权，并占据主导性技术地位，双方对该项技术的合作降至最低，基于发挥技术最大化价值的想法，企业会在较长的专利期范围内获取技术的垄断收益，直至企业进行下一轮的新技术研发。基于以上分析提出假设，H5b：技术不确定性正向影响企业的技术创新开放深度。

二、技术关联性与技术创新开放度的关系分析

技术关联特性是指技术创新过程中不同行业之间的技术具有相互作用、相互影响、相互补充的程度。在知识经济下，交易和协作活动都具有技术关联性（哈罗德，1993）。当一项或少数几项突破性的技术产生之后，技术创新会沿着该技术的发展轨道，开发出一系列以此技术为基础的技术或相关技术创新，从而更多的技术发展机会被创造出来，由此涌现出更多的纵深关联的专利技术（暴海龙，李金林，2004）。实际中一种技术被采用得越多，人们对它的了解也越多，关联性的技术也就越多地被开发和改进（Antonelli，1993）。多产业部门所共同包含的技术，会随着技术的关联度的增加，技术的应用范围会更广泛（李纪珍，2004）。部件和产品的技术关联性增加也使

企业间的分工协作成为必需（Schmidt & Werle，1992），当具有技术关联性的产业中某企业进行技术创新时，该企业对产业内的其他企业具有技术支持的需求，同时其技术创新带来的潜在收益也会驱动其他企业增加对该技术创新的投入，从而形成产业技术的协同创新（姜红，2008）。

李纪珍（2004）在分析应用范围广泛的共性技术无人供给的现象时，发现共性技术关联性高的属性导致单个企业内投资创新意愿低下，从而必须组建技术联合体增强大学、科研机构及企业实体共同合作创新，来解决关联性高的技术开发问题。技术关联度的提升将促使更多的公司参与实施跨行业的技术多元化战略（Pavitt 等，1989）。在产品及技术关联性强、技术应用性广和市场的变化剧烈的行业更偏好开放创新（Rigby & Zook，2002）。当技术关联度越高，需要的共同参与合作研发的企业越多，合作企业之间的交流互动越频繁，企业获取技术资源的渠道越多，可获取的技术资源也越丰富，企业对外开放的积极加强，企业创新开放广度和深度越高。基于上述分析，得出假设 6：

H6：技术关联性会影响企业的技术创新开放度；

H6a：技术关联性正向影响企业的技术创新开放广度；

H6b：技术关联性正向影响企业的技术创新开放深度。

三、技术可模块化与技术创新开放度的关系分析

技术可模块化是基于某种技术标准或结构，能够将技术子系统（单元）按照一定的规则进行联结或分拆的程度。可模块化实质上是尽最大的可能将复杂体系（系统）拆分成具有独立性的模块单元（子系统），采用的方法通常是将关联薄弱的地方进行割离使之成为分别独立的单元模块的过程（Simon，1962）。模块化生产能使零件的设计、开发和生产产生最大组合或通用性，大幅度降低了制造成本，并实现柔性制造满足用户的个性化要求（Erens & Verhulst，1997）。由于技术的可模块化，企业能将整个复杂产品系统的创新任务，按照应用技术类别划分为相对独立的模块进行开发后集成（陈劲等，2006）。

模块化技术能减少产品的复杂性，企业在模块产品创新设计时对其他模块依赖也较小，使分模块设计、生产得以同时独立进行，减少了设计时间（顾良丰，许庆瑞，2006），从而大大提高了产品多样化创新的效率（Baldwin & Clark，2003）。依靠模块化技术，信息技术产业领域内不同的系统、版本

及网络的兼容性功能得以提升。Baldwin 和 Clark（1997）应用金融期权理论证明了模块化创新的有效性，认为众多企业就同一模块展开创新竞争时，技术潜力相对较高的设计可以创造选择权。Henderson 和 Clark（1990）指出，模块化构架下的创新方式，主要是对具有可分解性的系统各部件的联系规则进行创造性的分解和再整合，以实现复杂系统的创新。技术的可模块化，使得部分涉及企业核心的技术（包括创意和想法）也可以分解，并通过技术外包、技术合作等方式达成创新的实现，随着可模块化程度的加强，核心技术分解后的泄密风险下降，使企业进行开放创新时减少后顾之忧，开放创新的边际成本下降边际收益增加。

总之，技术模块化创造了一个开放系统，使单模块技术创新更易进行，保证了模块单元的设计参数和产品研制的独立性，企业间合作的泄密风险下降，双方的信任程度增加，长期合作的可能性增加，从而企业开放式创新得以实现（杨丽，2008）。因此，技术可模块性程度越高，企业的创新开放广度及深度越高。基于以上分析，得出假设 7：

H7：技术可模块化程度会影响企业的技术创新开放度；

H7a：技术可模块化程度正向影响企业的技术创新开放广度；

H7b：技术可模块化程度正向影响企业的技术创新开放深度。

四、技术可显性与技术创新开放度的关系分析

显性技术是可以通过系统的、正式的语言（数学的、化学的和计算的等）来表达，或用图纸、模型、专利文件、教科书和其他科学语言进行描述和承载的技术知识（Hedlund，1994；徐耀宗，2001；吴素文等，2003），是可系统阐述的、结构化、编码化的知识。显性知识具有在主体之间的转移比较快捷、成本较低的特征（Grant，1996）。技术可显性是指技术知识能够明示化或诉诸于文字、以及方便进行传播的可能性。随着技术知识显性程度的提高，会促进显性技术知识在人们之间快速传递，交流以及共享。显性特征的技术知识，如技术秘密、技术专利等蕴藏着巨大的经济价值，能够给技术的所有者带来丰厚利润（宋保林，李兆友，2011），也能够使获得者进行重新编码及快速应用提升效率。显性技术知识可以通过合同或契约的签订获得（Narula，2001；樊霞等，2010），可选择的获取的方式包括有偿购买、技术并购及与外部合作开发等（宋保林，李兆友，2011）。企业可以依靠现有的互联网或自建开放创新网络与其他的创新主体或参与者开展合作，以获取所

需的创新技术资源。包括互联网参与者、经销商、网络技术交易平台、大学、科研机构等显性知识的拥有者，都能成为企业获取创意及资源的合作者。因此，技术可显性程度越高，企业对获取的知识的可编程性越强，企业的技术利用更快捷利用程度越高，企业的开放创新广度越高。为了保持技术上的竞争优势，处于价值链的顶端企业大都倾向于将核心技术隐蔽化（邹昊，2006），因而技术可显性程度与开放深度的关系不能很好衡量，本书暂不分析。基于以上分析，得出假设8：

H8：技术可显性正向影响企业的技术创新开放广度。

综上，开放创新模式下，技术知识和资源可以跨越企业边界进行由内向外或者由外向内的渗透。企业能够与合作伙伴共享技术知识和资源，从而获得或转移新的技术，实现相应的技术创新收益。因此，易于采取合作创新的技术、能够分清各方投入的技术、合作研发效果大于自己封闭研发效果的技术，将适合采取广泛的、长期的、更深入的开放创新。企业技术创新开放度的技术特性因素主要是技术的不确定性程度、技术的可显性、技术的可模块化程度及技术的关联性。从而，推导出技术特性与开放度的研究模型如下图。

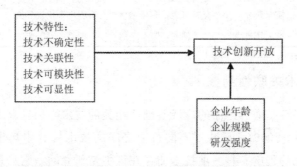

图 5-7　技术特性影响技术创新开放度研究模型图

第二节　变量选择

一、技术不确定性

在复杂多变的技术环境下，企业不能对其新技术的研究开发进程及结果进行准确预测的程度被称为技术的不确定性。技术的不确定性伴随着技术发展的整个过程（侯广辉，2009），体现在对于创新过程中技术发展的速度、技术发展路径以及是否能达到的期望结果方面不确定（刘明明，2011），以及对于研究开发出来的技术能否为企业所需、是否能被商业化转化（姜红，2008）。Cho 和 Yu 应用交易成本理论，指出不确定性的增加会导致企业对技术的投入及风险的不确定性程度增加。本书借鉴了候广辉（2009）、汤建影（2012）、Cho 和 Yu（1990）、刘明明（2011）、曹勇和赵莉等（2011）、姜红（2008）等学者的研究成果并适当做了修改，形成测量的初始量表，详细内容见表 5-25。

表 5-25　技术不确定性初始测量表

研究变量	操作性定义	代码	题　项	题项文献来源
技术不确定性	在复杂多变的技术环境下不能对其新技术或新产品的研发进程及结果进行准确预测的可能性。	BD1	新技术研发成功所需时间存在不确定性大	Cho，Yu（1990）候广辉（2009）刘明明（2011）姜红（2008）汤建影（2012）曹勇，赵莉（2011）
		BD2	新技术研发成功所需的资金投入量存在较大的不确定性	
		BD3	目前进行研发的新技术能否最终实现不明确	
		BD4	高度不确定性的新技术往往难以被识别及获取	

变量测量采用李克特量表，具体测项用符合程度来代表分值

"1"非常不同意，"2"不同意，"3"一般，"4"同意，"5"非常同意

二、技术关联性测量

技术关联性是兼容产品的广泛基础使相关的技术必须具有的整体性和一致性（邹昊等，2006），反映了不同行业之间的技术具有相互作用、相互影响、相互补充的程度。每一项技术的存在都不是孤立的，它总是为了实现某个共同的实践目的与其他支持性技术一起，发生不同程度的联系（陈孝先，2004）。当一项或少数几项突破性的新技术产生后，沿着这项新技术进行研发会延伸出一系列的技术发展路径，从而创造出一系列的技术发展机会，最终涌现出更多的纵深发展的相互关联的专利技术（暴海龙，李金林，2004）。本书借鉴了陈孝先（2004）、邹昊（2006）、Teece（1996）、李纪珍（2004）等学者的研究成果并适当做了修改，形成测量的初始量表，详细内容见表 5-26 所示。

表 5-26　技术关联性初始测量表

研究变量	操作性定义	代码	题　项	题项文献来源
技术关联性	兼容产品的广泛基础使相关的技术必须具有的整体性和一致性	GL1	企业单独研发基础性技术耗费大量的精力	邹昊（2006）陈孝先（2004）Teece（1996）暴海龙，李金林（2004）李继珍（2004）
		GL2	参加上下游产业联盟有助行业共性技术的研发	
		GL3	产品生产中原材料的技术突破有助于本企业的技术创新	
变量测量采用李克特量表，具体测项用符合程度来代表分值				
"1"非常不同意，"2"不同意，"3"一般，"4"同意，"5"非常同意				

三、技术模块化测量

技术模块化是指对于复杂技术而言能被划分成最小的独立模块的程度。技术可模块化的实质是将复杂的技术系统拆分为有着某种关联的独立的模块，即可模块化实质上是尽最大的可能将复杂体系（系统）拆分成具有独立性的模块单元（子系统），采用的方法通常是将关联薄弱的地方进行割离使之成为分别独立的单元模块的过程（Simon，1962）。通过技术的模块化，一个富有弹性、反应敏捷的体系被建立起来，最大限度地压缩了设计时间，减少了技术和产品的复杂性（顾良丰，许庆瑞，2006），并大大提高产品多样化创新的效率（Baldwin & Clark，2003）。技术模块化创造了一个开放系统，使单模块进行创新更容易，增加了技术设计参数和产品研制的独立性，从而促进了开放式创新的实现。由此，本书借鉴了顾良丰和许庆瑞（2006）、杨丽（2008）、宋保林和李兆友（2011）、幸理（2006）等测量方法，并作.适当的修改，作为初始量表，详细内容见表 5-27。

表 5-27　技术模块化初始测量表

研究变量	操作性定义	代码	题　项	题项文献来源
技术模块化	对于复杂技术而言能被划分成最小的独立模块的程度	MK1	技术有标准界面	顾良丰，许庆瑞（2006）杨丽（2008）宋保林，李兆友（2011）幸理（2006）
		MK2	技术由具有独立工作运行的多个单元或模块组合形成	
		MK3	技术中某特定子功能的模块可以被替换、重构	
变量测量采用李克特量表，具体测项用符合程度来代表分值				
"1"非常不同意，"2"不同意，"3"一般，"4"同意，"5"非常同意				

四、技术可显性测量

从知识视角来界定技术可将其分成显性技术知识和隐性技术知识两种形式（Hedlund，1994；Cummings & Teng，2003）。显性技术知识是指处于相对高度条理化状态，可以通过系统的、正式的语言（数学、化学或计算式）来表达，或用图纸、模型、专利文件、教科书和其他科学语言进行描述和承载的技术知识（Hedlund，1994，徐耀宗，2001，吴素文等，2003）。技术可显性是指技术知识可以明示化或诉诸文字的程度，显性技术知识如专利等技术知识具有巨大的经济价值，一方面使通过市场转让技术知识的所有人能够获得丰厚回报，另一方面便于技术知识的获得者进行重新编码及快速应用以提升技术实力。显性的技术知识可以通过契约关系或协议获得，方式有偿购买和与外部合作开发（Narula，2001；樊霞等，2010）。本书借鉴 Hedlund（1994），Teece（1996）、徐耀宗（2001）、吴晓波和高忠仕等（2007）、Cavusgil 等（2003）、Narula，（2001）、樊霞等（2010）等学者的研究成果并适当做了修改，形成测量的初始量表，详细内容见表 5-28。

表 5-28　技术可显性初始测量表

研究变量	操作性定义	代码	题　项	题项文献来源
技术可显性	技术可显性是指技术知识可以明示化或诉诸文字的程度	KX1	在合同中能用系统规范的方式对技术进行描述	Hedlund（1994）Teece（1996）徐耀宗（2001）吴晓波，高忠仕（2007）樊霞等（2010）
		KX2	可以通过分子式或方程式等进行技术的重新编程	
		KX3	能通过语言或文字等方式进行技术的传授或指导	

变量测量采用李克特量表，具体测项用符合程度来代表分值
"1"非常不同意，"2"不同意，"3"一般，"4"同意，"5"非常同意

第三节　实证结果与分析

一、信度分析

（一）技术创新开放度的信度分析结果

技术创新开放度的测项主要涵盖的内容是企业对外开放创新的广度、深度等信息，信度分析结果如下表 5-29 所示。

表 5-29 技术创新开放度的信度分析

子维度	测 项	CITC 值	删除本项后的 a 值	a 值
技术创新开放广度	KFG1：和同类企业相比，所在企业近三年来与较多的外部组织（如用户、科研机构等）进行过技术合作	.828	.887	.917
	KFG2：和同类企业相比，所在企业近三年来与外部组织（如用户、科研机构等）合作中获取的技术种类较多	.817	.890	
	KFG3：和同类企业相比，所在企业近三年来与外部组织（如用户、科研机构等）合作推出的新产品较多	.843	.881	
	KFG4：和同类企业相比，所在企业近三年来与外部组织（如用户、科研机构等）开展多种模式（如技术授权、技术并购、合作研发等）的技术合作	.761	.912	
技术创新开放深度	KFS1：和同类企业相比，所在企业近三年来与外部组织（如用户、科研机构等）开展的技术合作较频繁	.719		.837
	KFS2：和同类企业相比，与外部组织（如用户、科研机构等）合作涉及技术的关键性模块	.719		

从表 5-29 中可以看出，技术创新开放广度及开放深度的 Cronbach's a 值为 0.917、0.837 超过了 0.7，说明量表题项的可靠性非常高。开放广度的单项与总分相关系数 CITC 值最小为 0.761，最大值为 0.843；开放深度的单项与总分相关系数 CITC 值最小为 0.719。说明测项的内部一致性非常好。

（二）技术特性的信度分析结果

本书中的技术特性构念分为技术不确定性、技术关联性、技术可模块化及技术可显性四个维度，信度分析结果如下表 5-30 所示。

表 5-30 技术特性的信度分析

子维度	测 项	CITC 值	删除本项后的 a 值	a 值
技术不确定性	BD1：新技术研发成功所需时间存在较大的不确定性	.704	.814	.853
	BD2：新技术研发成功所需资金投入存在较大不确定性	.797	.721	
	BD3：目前进行研发的新技术能否最终实现不是很明确	.678	.840	
技术关联性	GL1：企业单独研发基础性技术耗费大量的精力	.544	.693	.745
	GL2：企业参加上下游产业联盟有助于行业共性技术研发	.654	.584	
	GL3：产品生产中原材料的技术突破有助于企业技术创新	.535	.711	

续表

子维度	测 项	CITC 值	删除本项后的 a 值	a 值
技术可模块化	MK1：技术有标准界面 MK2：术由具有独立工作运行的多个单元或模块组合形成 MK3：技术中某特定子功能的模块可以被替换、重构	.745 .667 .687	.729 .806 .785	.837
技术可显性	KX1：在合同中能用系统规范的方式对技术进行描述 KX2：可以通过分子式或方程式等进行技术的重新编程 KX3：能通过语言或文字等方式进行技术的传授或指导	.545 .653 .593	.736 .613 .686	.763

从表 5-30 中可以看出，技术不确定性的单项与总分相关系数 CITC 值最小为 0.678，最大值为 0.797；技术关联性维度 CITC 值最小为 0.535，最大为 0.654；技术可模块化维度 CITC 值最小为 0.667，最大为 0.745；技术可显性 CITC 值最小为 0.545，最大为 0.653。从 4 个维度的单项与总分相关系数 CITC 值来看，测项内部一致性较好。

技术特性的 4 个维度的 Cronbach's a 值分别为 0.853、0.745、0.837、0.763，都超过了 0.7，说明量表题项的可靠性较高，表示本问卷对技术特性构念的测量具有较高的信度。

二、技术特性效度分析

（一）技术特性的探索性因子分析

技术特性的 KMO 检验值为 0.706，高于 0.7 的水平，巴利特球形度检验卡方值为 744.644，Sig 值为 0.000，表明量表适合进行探索性因子分析（见表 5-31）。

表 5-31　技术特性量表的 KMO 和 Bartlett's 检验

取样足够度的 Kaiser-Meyer-Olkin 度量		.706
Bartlett's 球形检验	近似卡方	744.644
	df	66
	Sig.	.000

表 5-32 中技术特性探索性因子分析，结果显示特征值大于 1 的主成分有 4 个，有 4 个因子可被萃取。各因子载荷绝对值系数均超过 0.7，且提取四个因子之后，累计的方差贡献率为 75.41%，可见，萃取的四个因子能够反映大部分原始变量的信息，说明该量表对于所测量的技术特性概念的解释力较高。

表 5-32　技术特性的探索性因子分析

	成　分			
	1	2	3	4
MK1	**.896**	−.070	.187	.191
MK3	**.879**	−.103	.127	.080
MK2	**.839**	−.019	.147	.126
BD2	−.033	**.931**	−.047	.052
BD3	−.077	**.871**	−.093	.065
BD1	−.068	**.848**	−.107	.016
KX2	.095	−.057	**.885**	.166
KX3	.103	−.066	**.798**	.183
KX1	.276	−.142	**.758**	−.013
GL3	.036	.093	.103	**.810**
GL2	.214	.097	.102	**.809**
GL1	.118	−.052	.112	**.794**
转轴特征值	3.762	2.490	1.478	1.320
方差贡献率（%）	31.351%	20.750%	12.313%	10.996%
累计方差贡献率（%）	31.351%	52.101%	64.414%	75.410%

提取方法：主成分分析法。

具有 Kaiser 标准化的正交旋转法（5 次迭代）。

（二）技术特性模型的验证性因子分析

对技术特性模型的组合信度及平均变异抽取值进行分析，结果如下表 5-33 所示，验证性因素分析中的因素负荷量最小的为 0.647，大于 0.5 的经验值；组合信度最小的为 0.771，大于 0.6，平均变异量抽取值最小的为 0.533，大于 0.5 的经验值，显示出该模型的适配度较好，模型内在质量佳。

表 5-33　技术特性检验结果

二阶潜变量名称	一阶潜变量名称	题项代码	因素负荷量	信度系数	组合信度	平均变异抽取值
技术特性	技术不确定性	BD1	.782	.611		
		BD2	.936	.877	.864	.681
		BD3	.747	.558		
	技术关联性	GL1	.660	.436		
		GL2	.864	.746	.771	.533
		GL3	.647	.419		
	技术可模块化	MK1	.900	.810		
		MK2	.770	.593	.864	.680
		MK3	.799	.639		
	技术可显性	KX1	.798	.636		
		KX2	.707	.500	.812	.591
		KX3	.799	.638		

（三）技术特性影响技术创新开放度的有效路径

对技术特性测量模型图及结果摘要见图 5-8 和表 5-34。

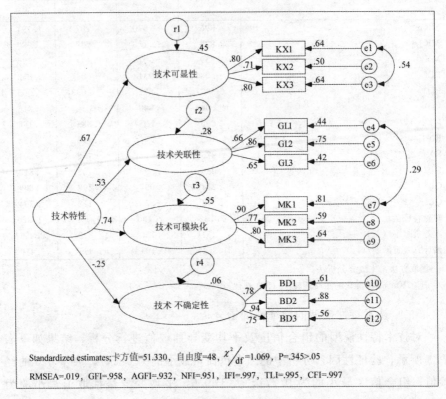

图 5-8　技术特性测量模型

如上图 5-8 所示，技术特性的拟合结果表明，值为 51.330，P 值为 0.345，大于 0.05，因此，此模型是与实际数据可以契合的；自由度 df 为 48，卡方自由度比值为 1.069，小于 2，表明模型非常适配。NFI、CFI、AGFI、GFI、TLI、IFI 的值均大于 0.9，RMSE 的值小于 0.05，达到优良水平；如下表 5-34 数据表明，路径系数在 P＜0.01 的水平上统计显著，拟合效果较良，构念效度较好。

表 5-34　技术特性的测量模型拟合结果

路　径	非标准路径系数	标准路径系数	S. E.	C. R.	P
技术可显性＜——技术特性	1.000	.670			
技术关联性＜——技术特性	.744	.532	.185	4.029	＊＊＊
交易风险性＜——技术特性	1.242	.744	.283	4.388	＊＊＊

续表

路　径	非标准路径系数	标准路径系数	S.E.	C.R.	P
技术不确定<——技术特性	−.400	−.255	.154	−2.597	＊＊
KX1<——技术可显性	1.000	.798			
KX2<——技术可显性	.958	.707	.154	6.220	＊＊＊
KX3<——技术可显性	1.140	.799	.140	8.113	＊＊＊
GL1<——技术关联性	1.000	.660			
GL2<——技术关联性	1.167	.864	.148	7.887	＊＊＊
GL3<——技术关联性	1.068	.647	.140	7.610	＊＊＊
MK1<——技术模块化	1.000	.900			
MK2<——技术模块化	.870	.770	.070	12.421	＊＊＊
MK3<——技术模块化	.863	.799	.067	12.967	＊＊＊
BD1<——技术不确定性	1.000	.782			
BD2<——技术不确定性	1.320	.936	.108	12.176	＊＊＊
BD3<——技术不确定性	1.067	.747	.096	11.146	＊＊＊

注：＊＊＊表示显著性水平 $P < 0.001$，＊＊表示显著性水平 $P < 0.01$

三、相关性及回归分析

（一）相关性分析

从下表的变量间相关系数值可以看出，主要关键变量的均值分布在 3.05～3.71 之间，标准差分布在 0.73～1 之间，说明各变量的测量具有很高的稳定性。从 Pearson 相关系数值（黑体值）可以看出创新开放度与技术不确定性、技术关联性存在显著的负相关关系，并与技术可模块化、技术可显性存在显著的正相关关系；在此基础上，进行回归分析以进一步对假设进行验证。

表 5-35　变量描述性统计与 Pearson 相关系数

	均值	标准差	行业	年限	规模	KFG	KFS	BD	GL	MK	KX
行业	5.64	2.663	1								
年限	3.06	1.370	−.032	1							
规模	3.56	1.459	.124	.325＊＊	1						
KFG	3.685	.854	.100	−.097	−.015	1					
KFS	3.640	1.009	−.050	−.146＊	−.047	.339＊＊	1				
BD	3.05	.869	−.156＊	.033	.010	−.377＊＊	−.024	1			
GL	3.467	.785	−.034	−.009	.000	.310＊＊	.074	.012	1		
MK	3.714	.729	−.007	−.021	−.035	.488＊＊	.297＊＊	−.168＊	.348＊＊	1	
KX	3.706	.756	.025	.050	.008	.402＊＊	.211＊＊	−.168＊	.314＊＊	.428＊＊	1

（二）回归分析

1. 开放广度模型验证

经实证结果如下表：在模型 1 中，仅仅加入了控制变量行业因素、企业年龄及企业规模后，对结果变量创新开放广度进行解释；模型 2 加入了本书关注的解释变量技术特性因素。从模型 2 可知，在控制了行业因素、企业年龄及企业规模变量之后，技术不确定性（系数为 -0.281，且 p 值显示 0.000）对创新开放广度产生显著的负向影响，假设 H5a 得到验证。技术关联性（系数为 0.163，且 p<0.010）对创新开放广度产生显著的正向影响，假设 H6a 得到验证。技术可模块化（系数为 0.365，且 p<0.000）对创新开放广度产生显著的正向影响，假设 H7a 得到验证。技术可显性（系数为 0.200，且 p<0.001）对创新开放广度产生显著的正向影响，假设 H8a 得到验证。说明技术特性各维度对技术创新开放广度均产生不同方向及不同程度的影响。

表 5-36　创新开放广度影响因素回归分析

变　量	模型 1		模型 2	
	回归系数	T 值	回归系数	T 值
常数项	3.684*	16.975	1.918**	4.571
控制变量				
行业类型	.031	1.360	.017	.924
企业年限	-.059	-1.280	-.058	-1.577
企业规模	.002	.052	.012	.350
技术特性				
技术不确定性			-.281***	-4.923
技术关联性			.163*	2.451
技术可模块化			.365***	4.840
技术可显性			.200**	2.774
R^2	0.019		0.370	
F	1.274		17.92	
P	.022		.000	

注：$N=203$，*表示显著性水平 $p<0.05$；**表示显著性水平 $p<0.01$；***表示显著性水平 $p<0.001$（双尾检验）

2. 开放深度模型验证

实证结果如下表 5-37：在模型 1 中，仅仅加入了控制变量行业因素、企业年龄及企业规模后，对结果变量创新开放深度进行解释，发现企业年龄与创新开放深度有明显的负向影响；模型 2 加入了本书关注的解释变量技术特性因素。从模型 2 可知，在控制了行业因素、企业年龄及企业规模变量之后，技术不确定性及技术关联性（系数值分别为 0.047 及 -0.083，且 p > 0.05）对创新开放深度无明显影响，假设 H5b，H6b 未得到验证；技术可模块化（系数值为 0.365，且 p < 0.001）对创新开放深度影响明显，假设 H7b 得到验证；技术可显性（系数值为 0.178，且 p < 0.01）对创新开放深度影响明显，假设 H8b 得到验证。

表 5-37 创新开放深度影响因素回归分析

变　量	模型 1		模型 2	
	回归系数	T 值	回归系数	T 值
常数项	4.077*	15.951	2.183**	3.675
控制变量				
行业类型	-.021	-.793	-.021	-.800
企业年限	-.111*	-2.023	-.115	-2.197
企业规模	.006	.116	.013	.254
技术特性				
技术不确定性			.047	.577
技术关联性			-.083	-.879
技术可模块化			.368***	3.443
技术可显性			.178*	1.749
R^2	0.024		0.126	
F	1.651		4.019	
P	.179		.000	

注：N=203，* 表示显著性水平 $p < 0.05$；** 表示显著性水平 $p < 0.01$；*** 表示显著性水平 $p < 0.001$（双尾检验）

四、实证数据结果

经上述数据统计，技术特性的四个维度中技术不确定性负向影响技术创新开放广度显著，技术关联性、技术可模块化以及技术可显性正向影响技术创新开放广度明显；同时，技术特性中技术不确定性、技术关联性对术创新开放深度的影响并不显著，技术技术可模块化以及技术可显性正向影响技术创新开放广度则比较明显。

第二十一章　企业技术创新能力对技术
创新开放度的影响

第一节　技术创新能力与技术创新开放度

从创业创新能力的理论分析及推导得知技术创新能力是影响企业技术创新开放度的重要因素，本书从其维度创新资源投入能力、技术知识积累、技术协同能力及企业组织创新的能力出发，分别论述其与技术创新开放度的关系。

一、创新资源投入与技术创新开放度的关系

创新资源投入是指企业为了在激烈的竞争中获得可持续发展，对其所拥有的独特的创新资源进行配置及整合以实现新技术突破的基础性能力（BurgeSmani & Wheelwright，2004；Chiesa 等，1996）。企业应具有将创新资源转换为创新目标的能力（Dutta，Narasimhan & Rajiv，2005），在封闭创新方式下，企业创新目标的实现受到创新资源的投入的约束，通常情况下研发人员及研发设备的投入不足，企业往往难以获得创新成果；反之，研发人员及设备投入规模越大，企业的创新目标越易实现。企业进行技术创新的最终目的是获取新技术，实现技术的专有后获得市场优势，弥补其创新成本并获得超额利润，因此，企业外购技术的获取成本肯定要高于该技术的研发成。当企业有足够的研发人员及设备时，企业自然倾向于自主研发以获得技术利润的独享。因此，创新资源的投入会影响企业开放度（游达明，孙洁，2008）。

开放创新情境下，企业可以从外部获取创新资源以弥补内部创新资源的不足。企业内部创新资源越溃乏对外部组织获取创新资源的程度就越高。首先，当企业在内部研发人员及研发设备的投入规模不足时，企业依靠自身的力量难以在短期内实现创新目标，只能依靠从外部市场流入所需的创意及资

158

源实施创新，可选择的方式包括从外部市场购买新创意、技术并购，以及建立技术战略联盟进行技术上的合作，从而与企业协作创新的外部组织的数量增加、交易的频次增多（Laursen & Salter，2006；Chesbrough 等，2006；Lichtenthaler & Lichtenthaler，2009；Chesbrough，Vanhaverbeke & West，2010）。其次，企业从外部获取技术创意及技术资源的行为会受到企业内部研发人员的阻碍（Teece，1986；Chandler & Hikino；Teece，1986）。当企业内部研发人员的数量下降后，企业从外部获取技术受到的来自于内部研发人员的阻力将会减少。Chesbrough 等人已通过宝洁等公司经历大幅裁减研发人员但却取得更多外部创新成果的案例研究证实（Sakkab，2002；Chesbrough，2003）。开放创新情境下，创新资源投入和企业技术创新开放度的关系是反向关系。

综上，企业在创新资源投入越多，企业越倾向于自主研发；在创新资源投入较小时越倾向于对外开放以获取新技术新创意，得出如下假设 9：

H9：创新资源投入会影响企业的技术创新开放度；

H9a：创新资源投入负向影响企业的技术创新开放广度；

H9b：创新资源投入负向影响企业的技术创新开放深度。

二、技术知识积累与技术创新开放度的关系

基于资源基础理论的知识理论认为，企业是累积性的知识和能力的集合体，企业的知识积累和知识水平决定了企业的核心能力。企业的知识获取来源于三个方面，第一方面主要起源于企业内部流通机制，即知识在企业内部自然流通，通过沉淀后形成企业知识资本，由研发人员更新、整合后成为新的技术知识；第二方面，研发人员通过新技术市场化应用过程中知识的更迭，也会获取和提升技术水平；第三方面，研发人员通过与本领域其他企业研发人员交流也会通过"溢出效应"得到新的知识。疏礼兵（2007）认为企业技术创新人员之间知识分享、转移以及整合更新，将最终增加知识总体效用。相关研究进一步表明企业研发人员现有的专有技能和企业研发人员之间进行的技术转移是企业在技术创新中所需知识的主要来源。

知识理论还认为企业不应局限于现有知识的使用，更重要的是通过学习机制不断学习所需的新知识以实现创新（Spender，1996）。开放式创新将外部知识放到与内部知识同等高度，强调在对内部知识加强管理的基础上，更要善于识别及获取有价值的外部创意，并将之与企业内部创新资源进行整合以构建新的系统和结构（Chesbrough，Vanhaverbeke & West，2010）。企

业可以通过多种方式解决其知识积累不足的问题，比如通过与外部组织建立战略联盟进行合作获取、向外部组织购买技术专利、实行技术并购、获得专利授权等（Chesbrough，2003；Lichtenthaler，Lichtenthaler，2009）。当企业技术知识积累的存量贫乏时，企业通过外部获取既可以获取更多异质性的知识、创意和技能、缩短技术研发的时间，以及解决企业自身无法解决的技术难题，改善企业的知识结构，实现企业内的技术突破（江旭，高山行，2010），还可以避免企业进行自主研发所承担的巨额成本和创新结果的高不确定性风险（Li & Gao，2003）。因此，当面临自身的技术知识水平较低，知识存量不足时，企业应有意识地拓宽与外部组织的合作渠道，扩大与外部组织合作的项目种类及数量，以此提高在开放中获得技术的频次（李平，陈红花，2015）。基于合作成功的双方信任程度加强，合作中更易涉及相关技术的核心或关键性模块，企业的创新开放广度和深度都较高；而当企业在创新过程中积累的技术知识日渐增多时，企业更有能力进行深入研究相关技术，在研发某项根本性及结构性的新技术时，特别是在实现了新的技术跨越之后，企业更倾向于选择相对封闭的创新氛围以保证获得新技术的专有权利（切萨布鲁夫，范哈佛贝克，韦斯特，2010），即随着企业技术知识积累的增加，企业有能力也更有积极性通过内部自主研发以获取技术的专属权，对外部的创新开放广度及开放深度随之下降。通过以上分析，我们提出假设10：

H10：技术知识积累会影响企业的技术创新开放度；

H10a：技术知识积累负向影响企业的技术创新开放广度；

H10b：技术知识积累负向影响企业的技术创新开放深度。

三、技术协同能力与技术创新开放度的关系

开放创新环境下，企业能获取的技术资源日益丰富，新知识资源的渠道来源更加广泛，包括大学、科研机构、用户、技术中介组织、供应商、经销商、互联网参与者，甚至竞争对手等（Chesbrough，2003）。企业可以通过与这些外部组织（或个人）的合作获取所需的新创意新技术。当企业和这些机构进行合作时，通过共享与合作方同时且无成本地应用技术资源，横向关联取得的协同效应得以发生（安德鲁，2000）。也就是说，企业与外部组织的创新合作的过程也是技术协同的过程。在技术协同的过程中，由于合作各方的技术水平、技术发展战略目标的不同，对某技术的发展路径的前景预测

不同，因而合作方可能沿着不同的技术路径获得不同的新技术，即达成"1+1＞2"的创新协同效应。为了实现最大程度的创新协同效应，企业必须拥有相应的内部吸收能力、外部获取能力、联盟能力及网络能力等的协同（葛沪飞，全允桓，2010；施海燕，2012），即本书认为的技术协同能力。技术协同能力是企业通过与外部组织的协作互动，获取外部知识又与外部组织共同创造新知识，并产生大于单个创新主体效应的能力。只有具有较强的技术协同能力，企业才能更好地和外部合作者进行沟通、联接、协作，在获取、吸收技术资源的基础上创造新的技术（Chesbrough，2003；Yam 等，2004；Laursen，2005；Lichtenthaler & Lichtenthaler，2009；West & Chesbrough，2010）。企业与外部合作中的协同实现方式，包括共享技能、共享有形资源、协调机制与供应商的谈判和联合力量等（欣德尔，2004）。

　　企业的协同创新能力越强，从外部吸纳新知识新技术的效率越高，从而避免因过度获取带来的资源分散等开放负效应增加的问题，并在整合外部技术后大幅提升自身的技术（陈钰芬，陈劲，2008），企业选择高的技术创新开放度的意愿较强；反之，协同创新能力越弱，技术创新开放度越低。综上，提出如下假设 11 待验证：

　　H11：技术协同能力会影响企业的技术创新开放度；

　　H11a：技术协同能力正向影响企业的技术创新开放广度；

　　H11b：技术协同能力正向影响企业的技术创新开放深度。

四、组织创新能力与技术创新开放度的关系

　　组织创新能力是企业为了更好地实现技术创新活动而展开的组织能力，可理解为企业建立独特机制或"组织惯例"来协调内部各部门，以获得内、外部技术创新成果实现技术创新目标所表现出来的能力，包括为技术创新的内部研发和外部获取提供必要的支持性服务的能力。这些能力隐藏在与合作企业之间的交互管理活动中，也体现在从外部获取知识及技术源的全过程中（齐延信，吴祈宗，2006），黄培伦和林山（2005）认为企业建立知识创新的各种政策和员工激励机制，不仅能够保护好企业的创新成果和核心知识，而且可以更好地激励员工持续创新。企业应在充分考虑组织学习与员工知识创新能力提升的基础上，以核心知识流为主线对组织机制进行设计与创新，以有利于企业内部知识创新各环节的横向知识交流。Birkinshaw 和 Morrison（1995）发现，那些具备能够支持联合创新活动的组织机制，会通过辅助企

业突破组织边界从中获得更多技术资源，这样的企业更具有创新性。当具备良好的针对创新的组织能力时，企业能够很好地设计和维持知识的获取、知识创新、知识共享和知识应用的进程。企业的组织创新的能力越强，内部各部门员工的积极性越高，工作效率越好；同时企业的组织创新的能力越强，企业和外部组织的沟通、交流及信息的传递更及时，有助于企业通过开放式创新获取更多的外部技术资源。更重要的是，企业的组织创新能力强，意味着企业与外部合作者的协商、谈判能力较强，企业的协商议价成本、决策成本等交易成本较低，开放意愿增加，开放广度较高。考虑到企业组织创新能力虽然能够促进企业加强与外部组织的联系及创新合作，但终究只是辅助企业进行开放创新的能力，对于其在深层次技术的合作中所起的作用难以衡量，故对企业组织创新能力与技术创新开放深度的关系暂时不给予讨论。基于此，做出假设 12，以待验证。

H12：企业组织创新能力正向影响企业的技术创新开放广度。

第二节　创新能力变量选择

一、技术创新资源投入的测量

创新资源投入能力是企业为了实施和实现技术创新所投入的研发人员、研发设备的量的总和。文献中大多以研发投入、研发投入占销售收入的比例等指标测量企业的创新资源投入水平（傅家骥，1998；吴贵生，2000；官建成，史晓敏，2004；Burgelman 等，2004；Yam 等，2004；张震宇和陈劲，2009），但并没有对研发投入进一步细分。研发人员是创造技术知识和运用技术的主体，相关的研发设备也是企业创新过程中必不可少的技术条件，设备存量是企业引进同领域产品，最大化核心能力的前提，因而研发人员、研发设备是创新中非常重要的资源（陈劲等，1997；刘立，2003；Jens Christensen，2005）。朱亚丽等（2011）采取从企业投入的人力、设备、资金以及时间四个方面的投入和努力对企业的创新意愿进行测量，具有较好的直观性和客观性。结合已有研究，本书形成初始量表，从创新的研发资金投入、研发人员投入、研发设备投入及渠道建设等四个方面来测度创新资源投入水平。详细内容见表 5-38 所示。

表 5-38 创新资源投入初始测量表

研究变量	操作性定义	代码	题 项	题项文献来源
创新资源投入能力	企业为了实施和实现技术创新所投入的研发人员、研发设备的量的总和	TR1	企业已投入高额的研发经费	Oslo 手册 魏江，许庆瑞（1996） Lei（1996） 陈劲，1998； 刘立，2003 张震宇，陈劲（2009） 朱亚丽（2011）
		TR2	企业拥有高素质的研发人员	
		TR3	企业拥有较先进的仪器、设备	
		TR4	企业有有效的信息情报收集渠道	

变量测量采用李克特量表，具体测项用符合程度来代表分值

"1"非常不同意，"2"不同意，"3"一般，"4"同意，"5"非常同意

二、技术知识积累的测量

技术知识积累是企业在技术创新过程中渐进性积聚技术知识的结果，是企业拥有的技术知识、技能和经验存量的总和，代表着企业能够有效参与社会竞争的技术水准。技术积累水平的测量方面，现有文献主要采用研发专利数据（Prahalad & Hamel，1990；Leonard Barton，1992；Bell & Pavitt，1993；Kelley 等，2011；Ernst，Lichtenthaler & Vogt，2011）。有学者认为利用专利数据测量技术知识积累的存量，难以应用到大量非科学技术基础型企业的测量中，因而也选择用工程师人数或核心人数、经验作为测量企业的个体知识、及集体知识的指标（Thornhill，2006，Almeida & Kogut，1999）。本书主要借鉴了 Dosi，Faillo & Marengo（2008）；Dutrénit（2000）；Ensign（1999）、Cohen 和 Levinthal（1990）、Almeida 和 Kogut（1999）等学者的研究成果，并结合实地调查研究，用企业掌握核心技术的程度、创新成果积累水平等三个测项对企业技术积累水平进行测量，形成初始量表，详细内容见表 5-39。

表 5-39 技术知识积累初始测量表

研究变量	操作性定义	代码	题 项	题项文献来源
技术知识积累	指企业的技术知识和经验存量的总和	JL1	目前企业的技术已经积累到了相当的高度	Dosi，Faillo & Marengo（2008） Cohen & Levinthal（1990） Almeida & Kogut（1999） Ernst，Lichtenthaler & Vogt，2011
		JL2	企业已掌握本行业的核心技术	
		JL3	企业在同行中拥有较多的研发成果（专利申请量、科技成果奖）	

变量测量采用李克特量表，具体测项用符合程度来代表分值

"1"非常不同意，"2"不同意，"3"一般，"4"同意，"5"非常同意

三、技术协同能力的测量

技术协同能力是企业通过与外部组织的协同，既获取外部知识又与外部组织共同创造新知识，并产生大于单个创新主体效应的能力。陈劲和阳银娟（2012）认为创新协同的内容可以从整合、互动两个角度来分析，从整合角度的分析包括知识、资源、行动和绩效；而从互动的角度主要是指各个创新主体之间的知识互惠分享，资源优化配置、行动的最优同步及与系统的匹配度。施海燕（2012）则认为技术协同能力应包括从外部引进知识及技术的能力、对引进的技术利用反求工程实施技术的改进的能力、与联盟合作者相互启发进行知识知识创造的共生能力（施海燕，2012）。本书借鉴了 Tuominen 和 Hyvönen（2004）、陈劲，阳银娟（2012）、Tuominen 和 Hyvönen（2004）、Veroniac（2007）、陈力田等（2012）、游达明，孙洁（2008）、施海燕（2012）等学者的研究成果并适当做了修改，形成对测量的初始量表，详细内容见表 5-40。

表 5-40　技术协同能力初始测量表

研究变量	操作性定义	代码	题　项	题项文献来源
技术协同能力	企业通过与外部组织的协作互动，既获取外部知识又与外部组织共同创造新知识，并产生大于单个创新主体效应的能力	XT1	企业具备快速地处理与外部组织合作中存在的问题的能力	Tuominen. & Hyvönen（2004）
		XT2	企业拥有快速识别内外部新信息、新技术素质	游达明，孙洁（2008）
		XT3	企业拥有快速地将外部获得的新知识与自身技术融合的能力	陈力田等（2012）Veroniac（2007）
		XT4	企业和外部的合作能够实现"1+1>2"的利益最大化目标	施海燕（2012）

变量测量采用李克特量表，具体测项用符合程度度来代表分值
"1"非常不同意，"2"不同意，"3"一般，"4"同意，"5"非常同意

四、组织创新能力的测量

组织创新能力是为实现技术创新而开展的内部各部门之间的工作协同性，是企业针对技术创新活动而展开的组织能力，可理解为企业建立独特机制或"组织惯例"来协调内部各部门以获得内、外部技术创新成果实现技术创新目标所表现出来的能力，包括为技术创新的内部研发和外部获取提供必要的支持性服务的能力，与外部组织进行沟通、协调的能力等（许庆瑞和魏江，1995；Teece，1996；Chesbrough，2010）。组织创新能力的初始测量

量表是建立在 Hou (2008)、Pavlou (2004)、Wang 和 Ahmed (2007)、林萍 (2008)、Jia-Jeng Hou (2008)、Paul A. Pavlou 和 Omar A. El Sawy (2011) 等的研究成果的借鉴基础上，并做适当修改而成，详细内容见表 5-41。

表 5-41　组织创新能力初始测量表

研究变量	操作性定义	代码	题　项	题项文献来源
组织创新能力	企业为实现技术创新而开展的内部各部门之间的工作协同性	ZZ1	企业内各部门的信息能快速在企业各部门之间流动	Pavlou (2004) Wang & Ahmed (2007) 林萍 (2008) Jia-Jeng Hou (2008) Jens Christensen (2010) Paul A. Pavlou & Omar A. El Sawy (2011)
		ZZ2	企业内各部门之间能有效地交流和共享技术信息与客户信息	
		ZZ3	企业各部门之间能够高效协作完成任务	

变量测量采用李克特量表，具体测项用符合程度来代表分值

"1"非常不同意，"2"不同意，"3"一般，"4"同意，"5"非常同意

第三节　实证结果与分析

一、技术创新开放度的信度分析结果

技术创新开放度的测项主要涵盖的内容是企业对外开放创新的广度、深度等信息，信度分析结果如下表 5-42 所示。

表 5-42　技术创新开放度的信度分析

子维度	测　项	CITC 值	删除本项后的 a 值	a 值
技术创新开放广度	KFG1：和同类企业相比，所在企业近三年来与较多的外部组织（如用户、科研机构等）进行过技术合作	.828	.887	.917
	KFG2：和同类企业相比，所在企业近三年来与外部组织（如用户、科研机构等）合作中获取的技术种类较多	.817	.890	
	KFG3：和同类企业相比，所在企业近三年来与外部组织（如用户、科研机构等）合作推出的新产品较多	.843	.881	
	KFG4：和同类企业相比，所在企业近三年来与外部组织（如用户、科研机构等）开展多种模式（如技术授权、技术并购、合作研发等）的技术合作	.761	.912	

子维度	测　项	CITC 值	删除本项后的 a 值	a 值
技术创新开放深度	KFS1：和同类企业相比，所在企业近三年来与外部组织（如用户、科研机构等）开展的技术合作较频繁	.719		.837
	KFS2：和同类企业相比，与外部组织（如用户、科研机构等）合作涉及技术的关键性模块	.719		

从表 5-42 中可以看出，技术创新开放广度及开放深度的 Cronbach's a 值为 0.917、0.837 超过了 0.7，说明量表题项的可靠性非常高。开放广度的单项与总分相关系数 CITC 值最小为 0.761，最大值为 0.843；开放深度的单项与总分相关系数 CITC 值最小为 0.719。说明测项的内部一致性非常好。

二、技术创新能力的信度与效度分析结果

（一）技术创新能力的信度分析

本书中的技术创新能力构念分为技术创新资源投入、技术知识积累、技术协同能力及组织创新能力四个维度。信度分析结果如表 5-43 所示。

表 5-43　技术创新能力的信度分析

子维度	测　项	CITC 值	删除本项后的 a 值	a 值
创新资源投入	TR1：企业已投入高额的研发经费	.737	.704	.826
	TR2：企业拥有高素质的研发人员	.705	.740	
	TR3：企业拥有较先进的仪器、设备	.613	.834	
技术知识积累	JL1：目前企业的技术已经积累到了相当的高度	.743	.706	.708
	JL2：企业已掌握本行业的核心技术	.714	.739	
	JL3：企业在同行中拥有较多的研发成果（专利申请量、科技成果奖）	.611	.842	
技术协同能力	XT1：企业具备快速地处理与外部组织合作中存在的问题的能力	.774	.877	.902
	XT2：企业拥有快速识别内外部新信息、新技术的素质	.835	.854	
	XT3：企业拥有快速地将外部获得的新知识与自身技术融合的能力	.765	.880	
	XT4：企业和外部的合作能够实现 "1＋1＞2" 的利益最大化目标	.755	.883	

子维度	测 项	CITC 值	删除本项后的 a 值	a 值
组织创新能力	ZZ1：企业内有完善的保护创新知识与激励创新的机制	.640	.684	.783
	ZZ2：企业内各部门之间能有效地交流和共享技术信息与客户信息	.702	.615	
	ZZ3：企业各部门之间能够高效协作完成任务	.528	.801	

从表 5-43 中可以看出，技术创新资源投入的单项与总分相关系数 CITC 值最小为 0.613，最大值为 0.737；技术知识积累维度 CITC 值最小为 0.611，最大为 0.743；技术协同能力维度 CITC 值最小为 0.755，最大为 0.835；组织创新能力维度 CITC 值最小为 0.528，最大为 0.702。从 4 个维度的单项与总分相关系数 CITC 值来看，测项内部一致性较好。

技术创新能力的 4 个维度的 Cronbach's a 值分别为 0.826、0.708、0.902、0.783，都超过了 0.7，说明量表题项的可靠性较高，表示本问卷对技术创新能力构念的测量具有较高的信度。

（二）技术创新能力的效度分析

1. 技术创新能力的探索性因子分析

技术创新能力的 KMO 检验值为 0.749，高于 0.7 的经验水平，巴利特球形度检验卡方值为 844.233，Sig 值为 0.000，这些数据表明，量表测量出的数据适合进行探索性因子分析（见表 5-44）。

表 5-44 创新能力量表的 KMO 和 Bartlett's 检验

取样足够度的 Kaiser-Meyer-Olkin 度量		.749
Bartlett's 球形检验	近似卡方	844.233
	df	78
	Sig.	.000

下表是对技术创新能力进行探索性因子分析的结果，显示出特征值大于 1 的主成分有 4 个，因此有 4 个因子可以被萃取。落在各因子上的载荷绝对值系数均超过了 0.7，并且，提取四个因子之后，累计的方差贡献率为 74.904%，由此可见，萃取的四个因子能够反映大部分原始变量的信息，说明该量表对于所测量的技术创新能力概念的解释力较高。

表 5-45　技术创新能力的探索性因子分析

技术创新能力	成　分			
	1	2	3	4
XT2	**.929**	−.068	.117	.041
XT1	**.885**	−.111	−.031	.021
XT3	**.885**	−.095	.152	−.061
XT4	**.872**	−.060	.072	.037
JL2	.013	**.898**	−.085	−.073
JL1	−.124	**.887**	−.153	.034
JL3	−.179	**.812**	−.073	.034
ZZ2	.110	−.076	**.866**	−.017
ZZ1	.037	−.267	**.830**	−.033
ZZ3	.090	.000	**.781**	−.007
TR2	−.069	.069	−.033	**.850**
TR1	.014	−.136	−.141	**.788**
TR3	.082	.053	.108	**.750**
转轴特征值	3.848	2.280	1.944	1.665
方差贡献率（％）	29.601％	17.536％	14.957％	12.810％
累计方差贡献率（％）	29.601％	47.137％	62.094％	74.904％

提取方法：主成分分析法。

旋转法：具有 Kaiser 标准化的正交旋转法。

a. 旋转在 5 次迭代后收敛。

2. 技术创新能力进行验证性因子分析

对技术创新能力组合信度及平均变异抽取值进行分析，结果如下表 5-46 所示，验证性因素分析中的因素负荷量最小的为 0.604，大于 0.5 的经验值；组合信度最小的为 0.742，大于 0.6，平均变异量抽取值最小的为 0.492，略低于经验值 0.5，显示出该模型的适配度较好，模型内在质量尚可。

表 5-46　技术特性检验结果

二阶潜变量 名称	一阶潜变量 名称	题项代码	因素负荷量	信度系数	组合信度	平均变异 抽取值
技术创新 能力	技术协同 能力	XT1	.833	.694	.909	.715
		XT2	.910	.828		
		XT3	.829	.687		
		XT4	.807	.651		
	创新资源 投入	TR1	.705	.498	.742	.492
		TR2	.783	.614		
		TR3	.604	.365		

续表

二阶潜变量 名称	一阶潜变量 名称	题项代码	因素负荷量	信度系数	组合信度	平均变异 抽取值
	技术知识 积累	JL1	.876	.767		
		JL2	.828	.686	.837	.635
		JL3	.671	.451		
	组织创新 创新	ZZ1	.783	.613		
		ZZ2	.859	.738	.798	.573
		ZZ3	.608	.369		

3. 技术创新能力影响技术创新开放度的有效路径分析

技术创新能力对技术创新开放度的测量模型图及结果摘要如下图 5-9 及下表 5-47。

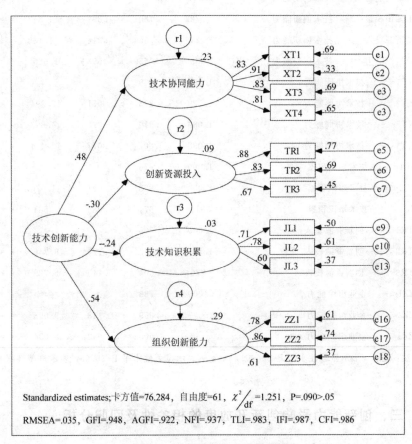

图 5-9　技术创新能力测量模型

如图 5-9 所示，技术创新能力的拟合结果表明，值为 76.284，P 值为 0.090，大于 0.05，因此，此模型是与实际数据可以契合的；自由度 df 为 61，卡方自由度比值为 1.251，小于 2，表明模型适配度良好。NFI、TLI、AGFI、CFI、GFI、IFI 的值均大于 0.9，RMSE 的值小于 0.05，达到优良水平；如表 5-47 数据显示，技术协同能力及组织创新的能力的路径系数在 P＜0.05 的水平上统计显著；创新资源投入的路径系数在 P＜0.1 的水平上统计显著，模型拟合效果一般。

表 5-47　技术创新能力的测量模型拟合结果

路　径	非标准路径系数	标准路径系数	S.E.	C.R.	P
技术协同能力＜——技术创新能力	1.000				
技术知识积累＜——技术创新能力	−.722	.780	.392	−1.842	＊
创新资源投入＜——技术创新能力	−.243	−.504	.214	−1.138	†
企业组织能力＜——技术创新能力	.988	−.559	.593	1.666	＊
XT1＜——技术协同能力	1.000	.839			
XT2＜——技术协同能力	1.129	.833	.071	15.894	＊＊＊
XT3＜——技术协同能力	1.089	.910	.078	14.003	＊＊＊
XT4＜——技术协同能力	1.038	.807	.077	13.454	＊＊＊
JL1＜——技术知识积累	1.000	.876			
JL2＜——技术知识积累	.899	.828	.081	11.070	＊＊＊
JL3＜——技术知识积累	.811	.671	.085	9.584	＊＊＊
TR1＜——创新资源投入	1.000	.705			
TR2＜——创新资源投入	1.175	.783	.174	6.746	＊＊＊
TR3＜——创新资源投入	.976	.604	.145	6.725	＊＊＊
ZZ1＜——企业组织能力	1.000	.783			
ZZ2＜——企业组织能力	1.077	.859	.118	9.093	＊＊＊
ZZ3＜——企业组织能力	.740	.608	.092	8.034	＊＊＊

注：＊＊＊表示显著性水平 P＜0.001，＊＊表示显著性水平 P＜0.05，†表示显著性水平 P＜0.1

三、创新能力影响创新开放度的相关性及回归分析

（一）相关性分析

从下表的变量间相关系数值可以看出，主要关键变量的均值分布在

2.75~3.72之间，标准差分布在0.69~1.01之间，说明各变量的测量具有很高的稳定性。从Pearson相关系数值（黑体值）可以看出技术知识积累、创新资源投入、技术协同能力及企业组织能力与创新开放广度存在显著的正相关关系；技术知识积累、创新资源投入与技术创新开放深度存在显著的负相关关系，同时技术协同能力与技术创新开放深度存在显著的正相关关系，从相关性看，企业组织能力与技术创新开放深度为正相关，但不够显著。在此基础上，进行回归分析以进一步对假设进行验证。

表 5-48　变量描述性统计与 Pearson 相关系数

	均值	标准差	行业	年限	规模	KFG	KFS	JL	TR	XT	ZZ
行业	5.64	2.663	1								
年限	3.06	1.370	−.032	1							
规模	3.56	1.459	.124	.325**	1						
KFG	3.68	.854	.100	−.097	−.015	1					
KFS	3.640	1.01	−.050	−.146*	−.047	.339**	1				
JL	2.758	.885	.069	.103	.094	−.277**	−.257**	1			
TR	3.179	.690	−.066	.050	.024	−.207**	−.233**	.171*	1		
XT	3.416	.874	.099	−.103	.095	.455**	.281**	−.140*	−.022	1	
ZZ	3.721	.694	.061	−.040	−.014	.403**	.081	−.145*	.029	.241**	1

（二）回归分析

1. 开放广度模型验证

经实证结果如下表：在模型1中，仅仅加入了控制变量行业因素、企业年龄及企业规模后，对结果变量创新开放广度进行解释；模型2加入了本书关注的解释变量技术创新能力因素。从模型2可知，在控制了行业因素、企业年龄及企业规模变量之后，技术积累能力（系数为−0.148，且p值$p < 0.05$）对创新开放广度产生显著的正向影响，假设H9a得到验证。创新资源投入（系数为−0.219，且$p < 0.01$）对创新开放广度产生显著的负向影响，假设H10a得到验证。技术可模块化（系数为0.347，且$p < 0.000$）对创新开放广度产生显著的正向影响，假设H11a得到验证。企业组织能力（系数为0.365，且$p < 0.001$）对创新开放广度产生显著的正向影响，假设H12a得到验证。说明技术创新能力各维度对技术创新开放广度均产生不同方向及不同程度的影响。

表 5-49　创新开放广度影响因素回归分析

变量	模型 1		模型 2	
	回归系数	T 值	回归系数	T 值
常数项	3.684*	16.975	2.24**	5.201
控制变量				
行业类型	.031	1.360	.016	.835
企业年限	−.059	−1.280	−.008	−.221
企业规模	.002	.052	−.016	−.451
技术创新能力				
技术积累能力			−.148*	−2.572
创新资源投入			−.219**	−3.038
技术协同能力			.347***	5.901
企业组织能力			.365***	4.998
R^2	0.019		0.367	
F	1.274		16.131	
P	.022		.000	

注：N＝203，* 表示显著性水平 $p<0.05$；** 表示显著性水平 $p<0.01$；*** 表示显著性水平 $p<0.001$（双尾检验）

2. 开放深度模型验证

实证结果如下表：在模型 1 中，仅仅加入了控制变量行业因素、企业年龄及企业规模后，对结果变量创新开放深度进行解释，发现企业年龄与创新开放深度有明显的负向影响；模型 2 加入了本书关注的解释变量技术特性因素。从模型 2 可知，在控制了行业因素、企业年龄及企业规模变量之后，企业创新能力中技术知识积累（系数值分别为−0.196，且 $p<0.05$），对创新开放深度负向影响显著，假设 H9b 得到验证；创新资源投入（系数值分别为−0.2906，且 $p<0.001$），对创新开放深度负向影响显著，假设 H10b 得到验证；技术协同能力（系数值为 0.290，且 $p<0.001$）对创新开放深度影响明显，假设 H11b 得到验证；企业组织能力（系数值为 0.003，且 $p>0.05$）对创新开放深度的正向影响不明显，假设 H12b 未得到验证。

表 5-50　创新开放深度影响因素回归分析

变量	模型 1		模型 2	
	回归系数	T 值	回归系数	T 值
常数项	4.077*	15.951	4.50***	7.77
控制变量				

变　量	模型 1		模型 2	
	回归系数	T 值	回归系数	T 值
行业类型	−.021	−.793	−.030	−1.176
企业年限	−.111*	−2.023	−.067	−1.307
企业规模	.006	.116	−.007	−.153
技术创新能力				
技术积累能力			−.196*	−2.542
创新资源投入			−.290**	−2.993
技术协同能力			.290***	3.663
企业组织能力			.003	.032
R^2	0.024		0.179	
F	1.651		6.064	
P	.179		.000	

注：$N=203$，* 表示显著性水平 $p<0.05$；** 表示显著性水平 $p<0.01$；*** 表示显著性水平 $p<0.001$（双尾检验）

四、实证数据结果

经上述数据统计，技术创新能力的四个维度中技术知识积累、创新资源投入负向影响技术创新开放广度显著，技术协同能力、企业组织能力正向影响技术创新开放广度明显；同时，技术创新能力中技术知识积累、创新资源投入对术创新开放深度的影响负向影响显著，技术协同能力正向影响技术创新开放广度则比较明显，而企业组织能力对技术创新开放深度的正向影响不太显著。

第二十二章 对技术创新开放度的综合影响

第一节 各因素综合影响技术创新开放度的假设

为了清楚展现研究假设，研究者将前面所有假设进行了归纳，由于企业家精神的测量量表中的开放度未进行维度的划分，在统计口径中与企业创新环境、技术特性及企业创新能力有所不同，所以本章对除企业家精神之外的构念进行综合统计，研究假设如下表 5-51。

表 5-51　研究假设汇总

H1	**技术保护力度会影响企业的技术创新开放度**
H1a	技术保护力度正向影响企业的技术创新开放广度
H1b	技术保护力度正向影响企业的技术创新开放深度
H2	**互联网技术资源的易得性正向影响企业的技术创新开放广度**
H3	**企业与网络参与者交互性会影响企业的技术创新开放度**
H3a	企业与网络参与者交互性正向影响企业的技术创新开放广度
H3b	企业与网络参与者交互性正向影响企业的技术创新开放深度
H4	**互联网技术交易的风险负向影响企业的技术创新开放广度**
H5	**技术不确定性会影响企业的技术创新开放度**
H5a	技术不确定性负向影响企业的技术创新开放广度
H5b	技术不确定性正向影响企业的技术创新开放深度
H6	**技术关联性会影响企业的技术创新开放度**
H6a	技术关联性正向影响企业的技术创新开放广度
H6b	技术关联性正向影响企业的技术创新开放深度
H7	**技术可模块化程度会影响企业的技术创新开放度**
H7a	技术可模块化程度正向影响企业的技术创新开放广度
H7b	技术可模块化程度正向影响企业的技术创新开放深度
H8	**技术可显性正向影响企业技术创新开放度**
H9	**创新资源投入会影响企业的技术创新开放度**
H9a	创新资源投入负向影响企业的技术创新开放广度
H9b	创新资源投入负向影响企业的技术创新开放深度

H10	技术知识积累会影响企业的技术创新开放度
H10a	技术知识积累负向影响企业的技术创新开放广度
H10b	技术知识积累负向影响企业的技术创新开放深度
H11	**技术协同能力会影响企业的技术创新开放度**
H11a	技术协同能力正向影响企业的技术创新开放广度
H11b	技术协同能力正向影响企业的技术创新开放深度
H12	**组织创新能力会正向影响企业的技术创新开放广度**

第二节 实证结果与分析

一、关键变量的信度分析结果

下面将技术创新开放度、企业外部环境、技术特性、技术创新能力四个关键构念的 Cronbach's a 值汇总在表 5-52 中，可以看出 Cronbach's a 值都在 0.7 以上，说明本书各测项的内部一致性非常好，所采用的问卷具有较高的信度。

表 5-52 本书关键变量信度系数汇总表

构 念	题项数	信度（Cronbach's alpha）
技术创新开放广度	4	0.917
技术创新开放深度	2	0.837
技术保护力度	3	0.851
互联网资源易得性	3	0.858
与网络用户交互	3	0.887
互联网交易风险性	3	0.742
技术不确定性	3	0.853
技术关联性	3	0.745
技术模块化	3	0.837
技术可显性	3	0.763
创新资源投入	3	0.826
技术积累水平	3	0.708
技术协同能力	4	0.902
组织创新能力	3	0.783

二、探索性因子分析

对量表进行 KMO 检验和巴利特球形检验，以确定是否采用探索性因子分析方法。采用主成分分析方法萃取出特征根大于 1 的变量因子，同时为了矩阵因子中变量的载荷降至最小，对矩阵进行正交旋转（方差极大法旋转）。

（一）技术创新开放度的探索性因子分析

技术创新开放度 KMO 检验值 0.786，高于 0.7 的水平，巴利特球形度检验卡方值 820.007，Sig 值 0.000，表明量表适合进行探索性因子分析（见表 5-53）。

表 5-53　开放度量表的 KMO 和 Bartlett's 检验

取样足够度的 Kaiser-Meyer-Olkin 度量		.786
Bartlett's 球形检验	近似卡方	820.007
	df	15
	Sig.	.000

下表 5-54 是对技术创新开放度进行探索性因子分析的结果，显示出特征值大于 1 的主成分有 2 个，因此有 2 个因子可以被萃取。各因子上的载荷绝对值系数均超过了 0.8，提取二个因子的累计方差贡献率为 82.448％，可见，萃取的二个因子能够反映大部分原始变量的信息，说明该量表对于所测量的技术创新开放度概念的解释力较高。

表 5-54　技术开放度的探索性因子分析

开放度	成　分	
	1	2
KFG2	**.900**	.096
KFG3	**.898**	.170
KFG1	**.886**	.200
KFG4	**.849**	.148
KFS2	.107	**.925**
KFS1	.211	**.902**
转轴特征值	3.0564	1.383
方差贡献率（％）	59.397％	23.051％
累计方差贡献率（％）	59.397％	82.448％

主成分分析法。具有 Kaiser 标准化正交旋转法，3 次迭代收敛。

（二）本书所有关键变量的探索性因子分析

表 5-55 是对测量问卷中所有变量（包括：技术创新开放度、企业外部环境、技术特性、技术创新能力）的量表进行 KMO 和巴利特球开检验，结果表明的 KMO 检验值为 0.828，高于 0.7 的经验水平，巴利特球形度检验卡方值为 5273.960，Sig 值为 0.000，包括所有变量的量表同样适合使用探索性因子分析的方法。

表 5-55 所有变量的 KMO 和 Bartlett's 检验

取样足够度的 Kaiser-Meyer-Olkin 度量		.828
	近似卡方	5273.960
Bartlett's 球形检验	df	820
	Sig.	.000

总量表的因子分析结果如下表 5-56 所示，特征值大于 1 的主成分共有 14 个，因此可以萃取出 14 个因子。从分析结果看，各因子的测量项目对形成公因子贡献较为显著（载荷绝对值系数最小值 0.655，大于 0.6）。提取出的 14 个因子中，转轴特征值最小值为 1.028，方差贡献率最小为 2.390，累计方差贡献率为 77.229%，说明本书的总体量表对被检测变量的解释力较强。

三、验证性因子分析

（一）技术创新开放度的验证性因子分析

对技术创新开放广度及开放深度的组合信度及平均变异抽取值进行分析，结果如表 5-57 所示，验证性因素分析中因素负荷量最小的为 0.721，大于 0.5 的经验水平；组合信度最小值为 0.857，大于 0.6 的经验值，平均变异量抽最小取值为 0.711，大于 0.5 的经验值，显示了潜在变量具有良好的信度和效度，该模型适配度良好，模型内在质量佳。

（二）对技术创新开放度进行验证性因子分析

在进行测量模型的初步验证时发现，误差变量 KFG1 和 KFG2 之间以及 KFG3 和 KFG4 之间有共变关系，修正指数大于 5，说明残差值有修正的必要，同时与理论和经验不存在矛盾，因此对其进行了修正。修正后的结果见图 5-10 和表 5-58。

表 5-56 研究主要变量的因子分析

测项	成分													
	1	2	3	4	5	6	7	8	9	10	11	12	13	14
XT2	.866	.155	−.074	.132	.123	.045	−.035	.110	.103	.077	.046	−.003	.010	.057
XT4	.817	.076	−.082	.025	.197	.084	−.023	.087	.094	.054	.066	.087	−.007	.040
XT3	.810	.052	.016	.140	.125	.124	−.023	.034	.156	.117	.147	−.067	−.028	.092
XT1	.805	.228	−.004	−.030	.197	.064	−.037	.109	−.064	.137	.104	−.011	.038	.118
KFG1	.197	.747	−.209	.230	.152	.083	−.119	.137	−.110	.115	.073	−.135	−.082	.138
KFG3	.176	.717	−.150	.153	.262	.179	−.110	.161	.167	.113	.137	−.112	−.070	.119
KFG2	.200	.713	−.123	.324	.093	.127	−.085	.108	.157	.244	.083	−.189	−.058	.041
KFG4	.180	.701	−.173	.034	.247	.162	−.027	.212	.133	−.091	.106	−.149	−.056	.118
BD2	−.050	−.169	.881	−.155	−.020	−.018	.023	−.023	−.045	−.031	.036	.097	.048	−.012
BD3	−.034	−.071	.812	−.014	−.100	−.032	.008	−.031	−.061	−.028	−.026	.274	.067	.031
BD1	−.055	−.132	.798	.126	.038	.014	.158	−.096	−.029	−.092	.037	.022	.220	.063
YD3	.077	.142	.010	.810	.109	.067	−.062	.103	.170	−.011	.059	−.169	−.055	.050
YD2	.069	.174	−.161	.789	.167	−.004	−.129	.186	.046	.174	.001	−.080	−.065	.004
YD1	.115	.143	−.212	.774	.130	.014	−.133	.140	.060	.126	.083	−.116	.033	.113
JH1	.209	.177	−.032	.187	.803	.028	−.057	.054	.096	.145	.133	−.057	−.006	.074
JH2	.260	.183	−.011	.188	.793	.080	−.082	.147	.058	.128	.029	−.070	.000	.105
JH3	.245	.163	−.064	.061	.790	.108	−.079	.116	.066	.065	.093	−.100	−.090	.091
LD2	.124	.055	.009	−.027	.015	.883	.016	.103	.065	.038	−.029	−.063	−.088	.017
LD1	.057	.124	−.008	−.063	.077	.846	−.036	−.042	.082	.054	.132	−.052	.032	−.095
LD3	.083	.119	−.041	.170	.081	.840	−.065	−.012	−.012	.005	.056	.031	−.070	.046
JL2	.048	−.046	.111	−.109	−.067	−.110	.868	−.021	−.034	−.005	−.059	.021	−.006	−.098
JL1	.031	−.136	.022	−.099	−.066	.067	.861	−.121	−.020	.035	.014	−.035	.137	−.001

续表

测项	成分													
---	1	2	3	4	5	6	7	8	9	10	11	12	13	14
JL3	-.194	-.013	.033	-.057	-.042	.093	.779	-.040	-.066	-.080	.000	.140	.034	-.118
MK1	.120	.136	-.112	.090	.025	.001	-.095	.801	.096	.169	.235	-.166	.016	.118
MK2	.146	.034	-.074	.304	.143	.055	-.093	.756	.125	.149	.077	.101	-.040	.066
MK3	.110	.309	.018	.109	.169	.008	-.046	.737	.034	.138	.098	-.078	-.047	.079
ZZ2	.085	.081	-.023	.086	.091	.139	-.031	.046	.858	.057	.012	-.013	.030	.017
ZZ1	.066	.175	.058	.015	-.033	.054	-.167	.068	.825	.088	.063	.031	.016	.020
ZZ3	.105	.058	-.179	.152	.129	-.063	.078	.083	.720	.028	.156	-.021	-.010	.007
KX2	.117	.079	.002	.126	.072	.008	-.019	.121	.012	.847	.068	.025	-.028	-.047
KX3	.101	.143	-.027	.021	.170	.019	.062	.077	.097	.776	.094	-.057	-.018	.122
KX1	.121	.103	-.147	.096	.038	.090	-.108	.181	.082	.683	.157	-.150	-.017	.106
GL1	.104	-.049	-.061	.095	-.004	.030	-.012	.112	.101	.079	.838	-.050	-.002	-.018
GL2	.132	.162	.020	-.027	.096	.061	-.032	.181	.081	.143	.774	.027	-.033	-.025
GL3	.093	.197	.124	.075	.190	.204	-.003	.031	.045	.098	.655	.227	.069	.021
FX2	-.001	-.002	.036	-.086	-.157	-.064	.028	-.112	-.007	-.055	.253	.757	.158	.045
FX3	-.023	-.256	.173	-.237	.037	-.004	.203	-.095	-.016	-.035	-.076	.743	-.008	.037
FX1	.044	-.220	.340	-.091	-.101	-.036	.031	-.078	-.047	-.019	-.042	.675	.064	-.121
TR1	-.009	.115	.067	-.111	-.095	-.005	-.017	.073	-.049	-.032	.011	.155	.800	-.121
TR2	-.014	-.194	.127	-.022	-.067	-.108	.103	.050	-.008	-.081	.017	-.093	.787	-.009
TR3	.036	-.090	.112	.062	.101	-.018	.096	-.209	.087	.058	.055	.147	.729	-.096
KFS2	.103	.063	.030	.073	.079	.007	-.075	.137	.036	.099	.018	-.014	-.105	.883
KFS1	.164	.191	.040	.065	.143	.063	-.151	.066	.003	.050	-.054	.001	-.122	.847

提取方法：主成分。

具有 Kaiser 标准化的正交旋转法。

a. 旋转在 8 次迭代后收敛。

表 5-57 企业技术创新开放度的信度检验结果

二阶潜变量名称	一阶潜变量名称	题项代码	因素负荷量	信度系数	组合信度	平均变异抽取值
技术创新开放度	开放广度	KFG1	.785	.741	.907	.711
		KFG2	.886	.702		
		KFG3	.838	.785		
		KFG4	.861	.617		
	开放深度	KFS1	.994	.988	.857	.753
		KFS2	.721	.520		

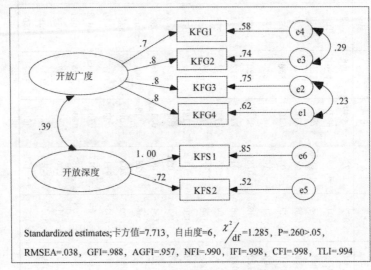

图 5-10 技术创新开放度测量模型

上图 5-10 结果表明，χ^2 值为 7.713，P 值为 0.260，大于 0.05，因此，此模型是与实际数据可以契合；自由度 df 为 6，卡方自由度比值为 1.285，小于 2，NFI、AGFI、TLI、CFI、GFI、IFI 的值均大于 0.9，RMSEA 的值小于 0.05，达到优良水平；下表 5-58 数据表明路径系数在 $P < 0.001$ 的水平上达到显著性，可见，拟合效果较好，具有较好的聚敛效度。

表 5-58 技术创新开放度测量模型拟合结果

路 径	非标准路径系数	标准路径系数	S.E.	C.R.	P
KFG1＜——技术创新开放广度	1.000	.785			
KFG2＜——技术创新开放广度	1.022	.886	.067	15.190	＊＊＊
KFG3＜——技术创新开放广度	0.994	.838	.136	7.331	＊＊＊

路　径	非标准路径系数	标准路径系数	S. E.	C. R.	P
KFG4＜——技术创新开放广度	0.958	.861	.135	7.092	＊＊＊
KFS1＜——技术创新开放深度	1.000	.994			
KFS2＜——技术创新开放深度	0.721	.721	.132	5.470	＊＊＊

注：＊＊＊表示显著性水平 P＜0.001

第三节　相关性分析及回归结果

对各个潜变量信度和效度检验通过的前提下，本书将采用多元线性回归的方法来探究企业外部环境、技术特性及技术创新能力对技术创新开放度的影响程度，以此来检验前述的理论假设是否成立。

一、变量间的相关性

在做多元回归分析之前，必须要考察变量间的相关性。因此，先对所有相关变量进行相关分析。从表 5-59 可看出，各解释变量与被解释变量技术创新开放度之间都有显著的关系，这样的结果和假设的预期相吻合。后文会采用多元回归分析对解释变量、被解释变量和控制变量之间的影响关系做进一步精确地分析。

二、数据检验

（一）各因素综合对技术创新开放创新广度影响的回归结果

据上小节分析，本书将采用阶层多元线性回归方法分别验证技术创新开放广度各影响因素的解释力。首先，以控制变量为第一阶层，即行业类型、企业年龄及企业规模三个控制变量为模型 1；其次，以企业外部环境变量为第二阶层，即技术保护力度、互联网技术资源易得性、与网络参与者交互性及互联网技术交易风险性构成模型 2 进行分析；第三，以技术特性变量为第三阶层，即技术不确定性、技术关联性、技术可模块化及技术可显性为模型 3 进行分析；第四，以技术创新能力变量为第四阶层，即创新资源投入、技术知识积累、技术协同能力及组织创新能力为模型 4 进行分析。各阶层内不采取变量先后选择程序，而是针对每一个独立变量的效果加以检验，因此符合解释型回归的精神（邱皓政，林碧芳，2009）。

表 5-59　研究主要变量的均值、标准差以及相关系数

	1	2	3	4	5	6	7	8	9	10	11	12	13	14	15	16	17
1. 行业类别	1																
2. 企业年限	-.032	1															
3. 企业规模	.124	.325**	1														
4. LD	-.031	.008	-.034	1													
5. YD	-.074	-.194**	-.192**	.090	1												
6. JH	.008	-.128	-.036	.190**	.401**	1											
7. FX	-.074	.172*	.147*	-.084	-.375**	-.215**	1										
8. BD	-.156*	.033	.010	-.057	-.330**	-.162*	.417**	1									
9. GL	-.034	-.009	.000	.231**	.185*	.290**	.085	.012	1								
10. MK	-.007	-.021	-.035	.093	.438**	.391**	-.196**	-.168*	.348**	1							
11. KX	.025	.050	.008	.117	.288**	.329**	-.075	-.168*	.314**	.428**	1						
12. JL	.069	.103	.094	-.005	-.299**	-.213**	.235**	.177*	-.076	-.240**	-.117	1					
13. TR	-.066	.050	.024	-.097	-.125	-.091	.235**	.248**	.072	-.101	-.079	.171*	1				
14. XT	.099	-.103	.095	.212*	.263**	.506**	-.054	-.132	.301**	.349**	.315**	-.140*	-.022	1			
15. ZZ	.061	-.040	-.014	.125	.286**	.220**	-.045	-.164*	.248**	.308**	.215**	-.145*	.029	.241**	1		
16. KFG	.100	-.097	-.015	.310**	.503**	.538**	-.397**	-.377**	.310**	.488**	.402**	-.277**	-.207**	.455**	.403**	1	
17. KFS	-.050	-.146*	-.047	.092	.212*	.305**	-.213**	-.224**	.174*	.297**	.211**	-.257**	-.233**	.281**	.181*	.339**	1
平均值(Mean)	5.64	3.06	3.56	3.22	3.73	3.36	2.75	3.05	3.46	3.71	3.70	2.75	3.17	3.41	3.72	3.68	3.64
标准差(SD)	2.663	1.370	1.459	0.877	.829	.934	.812	.869	.785	.729	.756	.885	.690	.874	.694	.854	1.009

附：N=203；**表示显著性水平 P<0.01（双尾检验），*表示显著性水平 P<0.05（双尾检验）

从表 5-60 给出的结果可知，在控制变量中，企业类型在模型 2、3 中对因变量有正向影响，意味着相对于其他控制变量，行业类型变量对技术创新广度有更加积极的影响。同时可以看出，在控制了行业类型等三个变量后，模型 2、模型 3 及模型 4 的 R^2 值都较前者有提高，这说明各变量对企业技术创新开放广度有重要的解释作用。

表 5-60　技术创新开放广度影响因素回归分析

变量	模型 1		模型 2		模型 3		模型 4	
	回归系数	T 值	回归系数	T 值	回归系数	T 值	回归系数	T 值
常数项	3.684***	16.975	1.057*	2.571	.879*	1.944	.850†	1.718
控制变量								
行业类别	.031	1.360	.033*	1.952	.024†	1.597	.017	1.109
企业年龄	−.059	−1.280	.010	.298	−.012	−.356	.000	−.005
企业规模	.002	.052	.043	1.310	.036	1.165	.026	.859
企业外部环境								
技术保护力度			.201***	3.939	.175***	3.586	.148**	3.095
互联网技术资源易得性			.307***	4.926	.173**	2.731	.131*	2.107
与互联网用户交互性			.311***	5.927	.226***	4.345	.175**	3.261
互联网技术交易风险性			−.212***	−3.563	−.183***	−3.055	−.200**	−3.393
技术特性								
技术不确定性					−.139*	−2.557	−.104*	−1.947
技术关联性					.099†	1.644	.073	1.249
技术可模块化					.194**	2.772	.134*	1.939
技术可显性					.129*	2.043	.109*	1.776
技术创新能力								
创新资源投入							−.043	−.895
技术知识积累							−.081	−1.328
技术协同能力							.117*	2.076
组织创新能力							.211***	3.347
R^2	.004		.466		.533		.567	
F	1.274		26.173		21.974		18.629	
P	.284		.000		.000		.000	
ΔR^2	.019		.466		.074		.040	
ΔF	1.274		44.020		8.025		4.721	
ΔP	.284		.000		.000		.001	

附：N=203，被解释变量为技术创新开放度，*** 表示显著性水平 $P<0.001$（双尾检验），** 表示显著性水平 $P<0.01$（双尾检验），* 表示显著性水平 $P<0.05$（双尾检验），† 表示显著性水平 $P<0.1$（双尾检验）

企业外部环境变量在模型 2、模型 3 及模型 4 中均达到显著性，其变量的 P 值显著性异于 0。在模型 4 中，技术知识保护力度、互联网技术资源易得性、与互联网用户交互性的回归系数为正且显著异于 0（p＜0.01），说明其对企业技术创新开放广度有比较显著的正向影响作用，假设 H1a、H2、H3a 得到验证。互联网技术交易风险性的回归系数为负且显著异于 0（p＜0.01），对企业技术创新开放广度有比较显著的负向影响作用，假设 H4 得到支持。

技术特性各变量在控制了行业类型等三个变量后，模型 4 中的显著性比模型 3 的显著性有所下降，特别是技术关联性对技术创新开放广度的影响力下降非常明显。在模型 4 中，技术可模块化及技术可显性的回归系数为正且保持显著异于 0（p＜0.05），说明技术可模块化及技术可显性仍然对技术创新开放广度产生显著正向影响，假设 H7a、H8 得到支持；技术不确定性的回归系数为负且保持显著异于 0（p＜0.05），说明技术不确定性对技术创新开放广度产生显著负向影响，假设 H5a 得到支持；技术关联性的回归系数为正但 P 值（P＞0.10）未达显著性水平，因此假设 H6a 未得到验证。

技术创新能力通过模型 4 呈现出其部分变量未达到显著性水平，其中，创新资源投入、技术知识积累的回归系数为负与假设相符，但 P 值（P＞0.10）未达显著水平，因此假设 H9a、H10a 未得到支持。技术协同能力及组织创新能力的回归系数为正且保持显著异于 0（p＜0.05），说明技术协同能力及组织创新能力对技术创新开放广度产生显著正向影响，假设 H11a、H12 得到验证。

（二）各因素综合对技术创新开放创新深度影响的回归结果

按上节思路与方法，技术创新开放深度的假设验证仍采用阶层多元线性回归方法。首先，以行业类型、企业年龄及企业规模三个控制变量为第一阶层设定模型 1；其次，以企业外部环境变量技术保护力度、与网络用户交互性为第二阶层构成模型 2 进行分析；第三，以技术特性变量技术不确定性、技术关联性、技术可模块化为第三阶层构成模型 3 进行分析；第四，以技术创新能力变量创新资源投入、技术知识积累、技术协同能力为第四阶层设定模型 4 进行分析。各阶层内不采取变量先后选择程序，而是要求针对每一个独立变量的效果加以检验，因此符合解释型回归的精神（邱皓政，林碧芳，2009）。

经过软件运行后得出下表 5-61 结果，可知在控制变量中，企业年限在模型 1、2、3 中对因变量有正向影响，意味着相对于其它控制变量，企业年限变量对技术创新深度有更加积极的影响。同时可以看出，在控制了行业类型、企业年限、及企业规模变量后，模型 2、模型 3 及模型 4 的 R^2 值都较前者有提高，这说明相差变量对企业技术创新开放深度有重要的解释作用。

企业外部环境变量中技术保护力度与在模型 2、模型 3 及模型 4 中的 P 值均未达到 $p<0.05$ 的显著性，假设 H1b 未得到验证。与互联网用户交互性在模型 2、3、4 中，回归系数为正且显著异于 0，说明其对企业技术创新开放深度有比较显著的正向影响作用，假设 H3b 得到验证。

技术特性变量在控制了行业类型等三个变量后，呈现出部分变量未达到显著性水平。其中，技术不确定性在模型 3 中的回归系数不显著，但加入技术创新能力等变量后系数为正且保持显著异于 0（$p<0.05$），说明技术不确定性对技术创新开放深度产生显著正向影响，假设 H5b 得到支持；技术关联性在模型 2、3、4 中对技术创新开放度的影响力均表现不明显（$P>0.10$），假设 H6b 未得到支持。在模型 3、4 中，技术可模块化的回归系数为正且保持显著异于 0（$p<0.001$），说明技术可模块化仍然对技术创新开放深度产生显著正向影响，假设 H7b 得到支持。

技术创新能力对开放深度的影响显著。从模型 4 的结果看出，其中创新资源投入、技术知识积累的回归系数为负与假设相符，且 P 值（$P<0.05$）的水平上达到显著性水平，因此假设 H9b、H10b 得到支持。技术协同能力的回归系数为正且保持显著异于 0（$p<0.05$），说明技术协同能力对技术创新开放深度产生显著正向影响，假设 H11b 得到验证。

表 5-61　技术创新开放深度影响因素回归分析

变　量	模型 1		模型 2		模型 3		模型 4	
	回归系数	T 值	回归系数	T 值	回归系数	T 值	回归系数	T 值
常数项	4.077**	15.951	2.824**	6.768	1.953**	3.253	3.149***	4.691
控制变量								
行业类型	-.021	-.793	-.021	-.825	-.019	-.732	-.021	-.843
企业年限	-.111*	-2.023	-.084†	-1.587	-.090†	-1.732	-.067	-1.338
企业规模	.006	.116	.006	.118	.011	.232	.002	.052
企业外部环境								
技术保护力度			.043	.545	.059	.747	.025	.321
与互联网用户交互性			.307***	4.115	.238**	2.948	.146*	1.728

续表

变　量	模型 1		模型 2		模型 3		模型 4	
	回归系数	T 值	回归系数	T 值	回归系数	T 值	回归系数	T 值
技术特性								
技术不确定性					.061	.767	.138 *	1.748
技术关联性					−.116	−1.231	−.104	−1.130
技术可模块化					.337 **	3.242	.248 **	2.406
技术创新能力								
创新资源投入							−.165 *	−2.131
技术知识积累							−.285 **	−2.905
技术协同能力							.181 *	2.003
R^2	0.010		0.087		0.121		0.186	
F	1.651		4.835		4.479		5.187	
P	.179		.000		.000		.000	
ΔR^2	.024		.085		.047		.074	
ΔF	1.651		9.400		3.572		6.127	
ΔP	.038		.000		.015		.001	

　　附：N＝203，被解释变量为技术创新开放度，*** 表示显著性水平 $P<0.001$（双尾检验），** 表示显著性水平 $P<0.01$（双尾检验），* 表示显著性水平 $P<0.05$（双尾检验），† 表示显著性水平 $P<0.1$（双尾检验）

小　结

　　本部分内容为运用上部分中建立的概念模型和收集的样本数据，对研究中提出的假设进行了统计验证，简要指明了数据处理中的一些研究发现。主要内容如下。

　　对样本数据的缺失情况及样本容量进行了检查，对符合条件的少量缺失值采取均值替代法。本书的样本容量为 203，符合结构方程的基本要求。对样本数据的特征进行了描述性统计分析。通过同源误差检验表明，同源误差问题在本书构建的模型中不显著，书中变量间的关系不是由共同方法偏差导致的。利用 SPSS19.0 和 AMOS21.0 统计分析工具对主要研究变量的信度和效度进行了数据分析，每一个构念均通过了效度和信度的检验，测量模型具备了良好的有效性和可靠性。然后，本部分检验了技术创新开放广度和开放深度的影响因素模型，采用阶层多元回归分析方法，验证中分别将控制变量、企业外部环境、技术特性及技术创新能力因素加入模型进行回归，模型的总体拟合效果良好，主要假设得到了很好的支持。

　　本部分的验证工作使我们能够判断研究假设是否成立，从而得出关于企业外部环境等各因素与企业技术创新开放广度及深度关系的关联关系，进而为下面章节的结论打好了研究基础。

第六部分　结论与展望

　　研究中将来源于不同视角和不同情境的资料进行整合形成的理论具有更好的理论高度和现实解释力（Agrawal，2001）。本书通过系统的文献梳理、中国情境下的样本数据的收集及分析来实际验证逻辑推导的理论模型，深入探索了环境、技术特性及技术创新能力与技术创新开放度之间的关联关系。本部分的主要目的是对本书的整个假设检验过程做一个简要总结，在讨论实证分析结果的基础上，力图提炼出一些有价值的研究结论，简述取得的理论贡献与实践意义，剖析研究存在的局限性，并展望未来有待进一步深入探讨的研究方向。

第二十三章　主要结论

第一节　假设检验结果

本书在前面章节中提出的企业家精神、企业外部环境、技术特性及技术创新能力对企业技术创新开放度的影响概念基础上提出假设，以第四部分形成的调查问卷共计收集了 203 个国内企业的相关数据，在第五部分采用 SPSS19.0、AMOS21.0 软件包进行了多元统计回归分析，完成了提出的各个假设验证。经检验分析结果显示，企业家精神、企业外部环境、技术特性及技术创新能力的假设中共有 18 个假设获得支持，6 个没有获得支持。为了更清楚说明研究结果，本书将所有假设结果汇总在表 6-1。

表 6-1　技术创新开放度影响因素研究假设验证情况汇总

因素	序号	假设内容	检验结果
企业家精神	H	创新性会影响企业的技术创新开放度	支持
	H	合作性会影响企业的技术创新开放度	支持
	H	竞争性会影响企业的技术创新开放度	不支持
	H	冒险性会影响企业的技术创新开放度	支持
企业外部环境	H1	技术保护力度会影响企业的技术创新开放度	部分支持
	H1a	技术保护力度正向影响企业的技术创新开放广度	支持
	H1b	技术保护力度正向影响企业的技术创新开放深度	不支持
	H2	互联网技术资源的易得性正向影响企业的技术创新开放广度	支持
	H3	企业与网络参与者交互性会影响企业的技术创新开放度	支持
	H3a	企业与网络参与者交互性正向影响企业的技术创新开放广度	支持
	H3b	企业与网络参与者交互性正向影响企业的技术创新开放深度	支持
	H4	互联网技术交易的风险负向影响企业的技术创新开放广度	支持

续表

因素	序号	假设内容	检验结果
技术特性	H5	技术不确定性会影响企业的技术创新开放度	支持
	H5a	技术不确定性负向影响企业的技术创新开放广度	支持
	H5b	技术不确定性正向影响企业的技术创新开放深度	支持
	H6	技术关联性会影响企业的技术创新开放度	不支持
	H6a	技术关联性正向影响企业的技术创新开放广度	不支持
	H6b	技术关联性正向影响企业的技术创新开放深度	不支持
	H7	技术可模块化程度会影响企业技术创新开放度	支持
	H7a	技术可模块化程度正向影响企业的技术创新开放广度	支持
	H7b	技术可模块化程度正向影响企业的技术创新开放深度	支持
	H8	技术可显性正向影响企业的技术创新开放广大度	支持
企业技术创新能力	H9	创新资源投入会影响企业的技术创新开放度	部分支持
	H9a	创新资源投入负向影响企业的技术创新开放广度	不支持
	H9b	创新资源投入负向影响企业的技术创新开放深度	支持
	H10	技术知识积累会影响企业的技术创新开放度	部分支持
	H10a	技术知识积累负向影响企业的技术创新开放广度	不支持
	H10b	技术知识积累负向影响企业的技术创新开放深度	支持
企业技术创新能力	H11	技术协同能力会影响企业的技术创新开放度	支持
	H11a	技术协同能力正向影响企业的技术创新开放广度	支持
	H11b	技术协同能力正向影响企业的技术创新开放深度	支持
	H12	组织创新能力会正向影响企业的技术创新开放广度	支持

第二节　主要结论

在上节假设检验结果基础上,本书得出一些研究结论。从各变量的均值来看,中国企业的开放广度和开放深度的均值分别为 3.68、3.64,开放程度有了较大的增长,说明中国企业从外部获取技术资源的意识已经比较强。实证研究结果显示,相对于其他的控制变量,行业类别对企业技术创新开放广度的影响较为显著,这也进一步验证了 Laursen 和 Salter(2005)的有关行业与开放度关系的结论;相对于其他的控制变量,企业年限对企业技术创新开放深度的影响更为显著。主要变量的相关结论见如下分析。

一、企业家精神对技术创新开放度的影响

企业家精神从创新性、合作性、冒险性和竞争性四个维度影响技术创新开放度。其中，创新性和合作性对开放度有显著的正向影响。作为企业创新活动的组织者，企业家主动创造和开启创新多样式情境，以便适时把内外部资源组合成新的更具生产力的形态，及时改进技术、调整产品及市场策略，创新性特质高的企业家会在更广泛的范围内寻求和交换新知识和新技术，企业开放度高；合作性特质越突出的企业家，越趋向于与用户、大学和研究机构，甚至竞争对手合作获取新构思或技术，通过资源与能力的交换达到协同效应，企业创新开放程度越高；冒险性对技术创新开放度有较为显著的负向影响。冒险性特质高的企业家为了获取技术垄断带来的高额利润，往往愿意冒着不确定的研发风险，采取独自研发创新的行动，技术创新开放度低。实证结果还表明竞争性对技术创新开放度存在负向影响，但不显著。

企业家精神是影响企业技术创新开放度的能动性因素。占领新市场获取新的利润增长点是企业家的原动力，率先采用开放创新的新模式走在创新的前列也是企业家固有的本能。因此，企业家精神是推动企业开放创新，决定企业技术创新开放度的关键因素。开放创新模式下，企业家精神由创新性、合作性、冒险性和竞争性维度构成。

二、企业外部环境对技术创新开放度的影响

企业的技术创新不可避免地会受到来自外部环境因素的影响，开放式创新模式下，企业有意识地通过各种方式从外部组织获取所需的技术资源，更离不开一个有利于技术合作与技术交易的氛围。实证结果显示，企业外部环境对技术创新开放度产生显著的影响。

（一）技术知识保护力度与企业技术创新开放广度具有高度的正相关关系，技术知识的保护力度能促进企业技术创新中从外部获取更多的技术资源。从法制层面来看，技术知识保护力度过小，技术拥有者害怕技术的向外授权或售出得不到法律的保护，而只得采用自己保护技术继续研发或自己利用新技术生产产品，技术需求者自然也难以通过外部渠道获取技术资源。随着技术知识保护力度的加大，技术拥有者的技术垄断收益增加，其向外合作研发、授权或转让技术的安全性增加，使得他们愿意通过外部的市场来获取收益，从而使技术需求者能够从外部环境中获得新技术资源。这说明技术知

识保护法制的完善在为技术拥有者带来收入弥补其创新投入获得持续的创新动力的同时，又能为技术需求者带来合法获取技术资源站在新知识高度上再创新的市场及法制氛围，实现技术供需合作双方的共赢。中国是关贸协定缔约国家，遵守知识产权保护协定对技术供需双方实施保护，有利于国外的先进技术向中国技术市场流入，增加中国企业获取更多更先进技术资源的可能性，从而促进中国企业在一个比较高的技术起点上进行技术的二次创新或商业化应用为市场提供新产品。

同时本书还假设技术知识保护力度对技术创新开放深度有正向的影响关系，但从实证数据看来，正向关系存在但并未达到显著程度，因而假设未获支持。这可能有两个原因：①与本书对深度的定义有关，本书从企业获取外部资源的频度及从外部获取的技术是否属于关键性技术模块两方面度量，涉及企业深层次的技术层面，而技术知识产权保护力度只是从法制环境层面出发，两者的相关性存在差距。②关键性技术能给技术拥有者带来核心优势及超额利润，即使能从市场获得，其交易成本势必较高，并不是一般企业能够力之所及。③与中国目前的技术知识保护力度还不够强有关，从均值看技术知识保护力度为 3.22，低于与网络参与者交互性、开放广度、开放深度（分别为 3.73、3.68、3.64）的均值。这意味着技术的拥有者可能在技术的关键模块的转让或合作上仍有所顾忌，从而影响技术需求者的获取（Erens & Verhulst，1997）。

（二）互联网资源易得性与技术创新开放广度存在着显著的正相关关系。说明互联网发展为企业的开放创新提供了较好的环境氛围并为企业提供丰富的创新资源。林南（2001）提出社会网络资源的异质性越高，通过弱关系所获取的社会资源的概率就越高；拥有网络中的社会资源越多，行动结果的理想程度就越高。因此，"互联网＋"发展背景下，企业可提高开放度充分利用互联网弱链接关系带来的异质性知识资源达成创新目标。通过互联网，企业能快速查找或发布自身产品及技术信息、搜索领先技术的最新资讯及其竞争者、供应商、经销商等动态信息；与用户、竞争者、供应商、经销商、大学、科研机构及个体知识创造者的接洽沟通更便捷，也为企业找到潜在的技术合作者提供更为有利的条件；同时通过互联网可以在世界范围内搜寻可解决企业技术难题的办法，开发新产品和新服务变得前所未有地快速和高效，极大地提高了企业的技术创新效率。

（三）网络交互程度显著正向影响创新开放广度、开放深度。说明企业通过与网络参与者频繁交流能获取更多的新创意新设想实现创新绩效。互联网网络的参与者是创新者，企业应有意识地利用这一点将参与者转化成为企业技术迭代开发过程不可或缺的一分子。随着互联网在中国的日益普及，维基、谷歌等门户网站及微博、微信等社交网工具的应用，网络参与者对互联网的黏性不断增强，并成为体验企业新技术新产品参与企业技术创新的重要来源。互联网网络的参与者是创新者。互联网同时在线、即时交互的技术发展使企业与用户间的网络交往更加便捷和高效。企业通过互联网构建强大的异质性创新网络，利用其处于该技术网络结构洞位置，通过与参与者频繁的交流逐步建立起良好的信任关系，获知其潜在需求及新创意新设想，并有意识地将用户转化成为开发、测试产品的人，使其成为企业技术迭代开发过程不可或缺的一部分。同时，企业可以把新创意或新概念尽快做成简单初级的原型产品，寻求用户体验和反馈，在与参与者的高频度互动中不断总结经验、调整认知，对产品进行快速、多次的迭代优化。每一次迭代优化过程都是技术及产品的趋于完善的过程，是参与者群体反复交互达成技术创新的社会形成过程。既极大地降低了企业创新的整体试错成本，又更精准地捕捉用户需求应对高度不确定的市场。

（四）实证显示，技术交易风险性对技术创新开放广度存在显著的负面影响。说明企业获取网络资源受网络本身虚拟带来的风险的影响较大。网络虚拟性下的法制低约束性，使网络交易者的行为缺乏相应管制，网络资源交易存在如技术虚假、交易违约等风险，使得企业通过互联网获取技术信息及资源更加谨慎。但实证显示网络交易风险值的均值为 2.75，说明企业对网络风险意识并不强，互联网对信息的数字化处理技术，使虚拟网络带有许多传统现实中的功能，给人们的生活和生产方式带来颠覆性的改革。由于网络的虚拟性导致对互联网的使用者低约束性，网络使用者在网络互动中呈交虚假信息及交易违约的行为缺乏法律的约束，不可避免地让参与其中的交易个体产生疑虑和对不可控的恐惧，也给互联网的技术交易带来较高的潜在风险，如技术虚假、资金损失等。特别是由于技术的隐性特征，在网站把技术以网页形式展现给客户识别的过程中，一些基本技术信息有可能会被故意隐瞒。另外，信息传送的不安全是互联网技术交易的另一个风险因素。这些因素使得企业通过互联网获取技术信息及资源更加谨慎。

（五）知识产权保护与网络交互程度因素对创新开放深度产生显著的交互效应，实证显示交互项负向影响创新开放深度，说明随着知识产权保护力度的加强，企业能够通过深度交互获取关键技术的可能性逐步减弱。合理的解释为强的知识产权保护力度下，网络用户的权益意识加强，网维资源让渡权益受到严格保护，企业与网络用户深度交互获取的创新资源的成本加大，因而企业的开放意愿下降。

三、技术特性因素对技术创新开放度的影响

技术特性因素对技术创新开放广度及创新开放深度存在不同程度的影响。

第一，实证结果验证了本书提出的技术不确定性负向影响技术创新开放广度显著，正向影响技术创新开放深度显著的假设。高不确定性技术意味着企业在技术研发时对技术发展前景、发展方向、研发所需时间及资金投入等方面存在着极大的不确定性（刘明明，2011）。这种不确定性程度越高，企业可获得的合作伙伴及外部技术资源越少，交易成本较高，开放广度较低。企业倾向于寻找技术研发思路大致相同、技术研发实力相当的机构进行深度合作（曹勇，赵莉，2011）。即对于高度不确定性的先进技术的研发，企业要么和研发实力强的竞争对手、大学或科研机构合作创新（高的开放深度），要么选择自主研发（低的开放广度）；对于不确定性程度较低的技术，不涉及企业技术核心，企业往往能通过外部的技术市场获取而采取高的开放度。

第二，技术关联性对技术开放度不存在明显的影响。在表6－31模型中也可以看出，在考虑控制变量及企业外部环境变量后，技术关联性特性与企业的技术开放广度有明显的正相关关系，但加入技术创新能力各变量后的模型4中，技术关联性对开放广度的影响则明显下降，回归系数不具显著性。这说明当企业创新的技术涉及的领域或范围比较广，在不考虑企业自身创新能力水平时，企业会向外部搜寻合作或直接获取技术（高的开放广度），随着企业创新能力的变量因素加入，企业对关联性技术的认识因具备的能力而发生了改变，这影响企业对外的合作决策及合作程度的变化。同时发现，技术关联性与深度的关系呈现是负向影响但不显著，表明技术关联性越强，企业对与外部的合作开放深度反而下降。本书在对该变量与技术创新开放深度进一步做了二次项的曲线回归，发现这两者呈现略扁平的倒U型曲线形态（关系不显著），即开放深度先随技术关联性正向上升，到一定程度后则下降。这意味着技术的关联性如果太强，呈现出较强的基础性、社会共性技术的特征时，需要共同参与研发的组织数量增加，企业需要付出大量的沟通及

协作成本，企业愿意深度切入研发的意愿是下降的，这种技术形态出现时技术创新应该由政府主导组织力量进行技术上的攻关（李纪珍，2004）。

第三，技术可模块化对技术创新开放度的影响关系在本书中得到验证，技术可模块化正向影响技术创新开放广度及开放深度。这表明，对技术的模块化分解有利于企业采取合作创新、技术外包、技术招标等方式获取技术资源，特别是企业核心技术的可模块化程度越高，越能够很好避免核心技术泄密。技术模块化为企业创造了一个良好的开放系统，使单模块技术的合作创新更易进行，在保证技术设计模块、研发模块和生产模块的独立运行基础上，加速了企业通过开放式创新模式获取新创意新技术的实现。

第四，技术可显性程度正向影响企业的技术创新开放广度。技术的可显性程度增加，技术的可编码性越强，使技术进行传播、转移的能力加强。同时显性的技术知识可以通过契约关系或协议获得，获取的可选择方式有偿购买、技术并购、获得授权和与外部合作开发等（Narula，2001；樊霞，et al.，2010）。在企业外部，存在大量的拥有显性技术知识的主体，诸如互联网参与者、技术创客、大学等，企业可以依托互联网，增加与外部组织开展合作从而实现较高的开放度。

四、技术创新能力因素对技术创新开放度的影响

企业应具有将创新资源转换为创新目标的能力，包括研发人员、技术知识等在内的企业稀缺性资源是企业进行创新并获得可持续发展的基础和必要条件（Barney，1991；Dosi，1992；Barton，1992）。当外部创新环境发生变化时，企业依靠组织管理配置内部资源，利用技术协同能力把外部环境变化过程中产生的新技术、新知识吸纳并快速与自身技术融合，实现技术的二次创新。实证研究结果证明了大部分技术创新能力对企业技术创新开放度存在影响的假设，因此，技术创新能力是影响企业技术创新开放度的重要构成维度之一。具体结论有以下几个方面。

第一，实证数据显示，创新资源投入能力、技术知识积累、技术协同能力及企业组织创新的能力均值分别为：3.17、2.75、3.41、3.72，表明中国企业的技术硬能力中技术知识积累的水平还偏低，中国企业的创新资源投入还有待加强。但中国企业的技术软能力则显示出具有较高的水平，特别是企业组织创新的能力较高，这表明中国企业对技术创新的重视及企业在创新管理水平已有了一定的提升。

　　第二，技术创新硬能力方面，即创新资源投入及技术知识积累负向影响技术创新开放广度但影响效果不显著，但其负向影响开放深度非常显著。这说明企业创新硬能力越强，自主研发意识及能力越强，越不利于企业与外界进行技术的深度合作。经实证结果显示技术硬能力负向影响技术创新开放广度，但并不显著因而假设未能得到支持。原因可能有两方面：①本书在对企业行业、年龄及规模变量进行控制后，单独对技术硬能力影响开放广度的回归检验证明负向影响显著（资源投入及技术知识积累的值分别为 $p < 0.05$、0.01；β 系数值 $= -0.148$、-0.219；T 值 $= -2.572$、-3.038），但加入企业外部环境及技术特性因素后影响力下降至未达显著性水平。下降原因可能在于互联网资源的丰富易得性以及技术可模块化水平的提高带来的泄密风险的减少，使硬能力较强的企业也有意愿通过外部获取技术创意等。② 企业创新硬能力虽然较强但凭一已之力进行创新，所费的创新时间较长，机会成本较高，因而企业也会尽量获取外部创意以加速自身的创新。③外企如 IMB、宝洁等公司裁员是在其研发人员量大且优的前提下的优中选优的过程，企业研发能力及技术知识积累并未受到太大影响，因而裁员后接受外部技术创意的阻力减少，企业向外部获取技术反而更多。中国企业研发人员素质及技术知识积累水平还存在差距，因而出现中国企业实证出的结果有异于国外企业的结论。

　　第三，根据实证结果，技术创新软能力中组织创新能力对技术创新开放广度的正向影响较为显著。企业的技术创新活动是一个协调企业内部、外部及相关企业和组织的活动，它涵盖了企业研发、生产、管理等组织各层面和各要素，其中最为重要的是为实现技术创新的达成而协调企业内部各部门的能力。Birkinshaw 和 Morrison（1995）发现，那些具备能够支持联合创新活动的组织机制，会通过辅助企业突破组织边界从中获得更多技术资源，这样的企业更具有创新性。当具备良好的针对创新的组织能力时，企业能够很好的设计和维持知识获取、知识创新、知识共享和知识应用的进程。组织创新能力能够使企业各部门之间有效地交流，使内部各部门间高度共享技术信息与客户信息。企业组织创新的能力通过对企业内部资源的合理配置及与外部组织的交流沟通的信息共享，促使企业能够感知及获取大量外部的新技术、新创意等信息，企业开放广度较高。

　　技术协同能力正向影响技术创新开放广度及开放深度效果明显。企业具有强的技术协同能力，能将企业从外部获得的新技术、新知识与自身技术快速融合，是企业在合作中求同存异，实现与联盟成员相互启发和进行知识创造，优化知识系统并构建良好的技术外溢池共荣共生。技术协同能力较强的企业，能更大范围的与异质性技术资源的组织协同，更快速直接地从外部吸纳、整合新知识新技术，大幅提升外企业自身的技术水平（陈钰芬，陈劲，2008），同时通过合作中的技术外溢带动合作伙伴，实现"1＋1＞2"创新协同效应，并吸引更多优质合作者加入，开放广度及开放深度均较高。

五、各因素对技术开放度的共同作用

综上所述，企业的技术创新开放度受到企业外部环境、技术特性及技术创新能力因素的影响。当外部的技术知识保护环境不够时，企业只能采取内部研发（低的开放度）来避免因合作产生的各种风险，这意味着企业需要较强的技术创新能力；当处于强的技术知识保护环境下，企业拥有的研发人力、设备及技术知识积累量不足时，企业可以选择向市场外部购买专利、技术并购、获得使用授权，或依托资质高或信誉好的互联网技术中介交易平台，进行技术众包或与网络参与者深度交互等多种方式，获取更多异质性的知识和技能，解决企业在技术创新中的技术难题，缩短赶超先进技术的时间，提升并改进企业的知识结构。对一项高度不确定性的技术而言，当人力及设备资源雄厚、技术知识积累存量丰富时，企业仍然可以依靠互联网平台广泛向外部搜索新创意（在防范网络技术交易风险的前提下），通过搜索找到研发实力、研发思路相当的企业或科研机构实现技术深度合作，创新开放深度较高；随着企业在利用外部技术实现新的技术跨越之后，技术的不确定性程度下降，企业可以调整资源，在进行根本性的技术创新时，倾向于选择依靠自主研发以保证技术的成熟并获取技术的专属权（切萨布鲁夫，范哈佛贝克，韦斯特，2010）。

因此，技术创新开放度会由于外部环境的变化性、技术特性的不稳定性以及企业自身创新资源及能力的动态性而发生改变。在企业持续创新的驱动下，本书认为企业的技术创新开放度并不是一成不变的。开放的环境下，企业据每一项技术的特点及自身具备的技术创新能力，进行动态的调整才是理性的决策。

此外，本书注意到开放广度受的影响较多且比较显著，但开放深度受到的影响相对要少。通常情况下会认为是技术需求者的技术协同能力较弱，还处于引进技术、吸收技术阶段，并且对引进技术的二次创新及与合作者的共同创造新技术的能力还有待加强。但通过实证结果显示，企业的技术软能力的均值较高表明已具备较强的吸收及协同创新的能力。笔者认为这可能存在两方面的原因：①是出于保持竞争优势的考虑，技术拥有者尽量避免向外部转让技术的关键性模块，因而技术的需求者难以获得，即使是能够获得其高昂的交易成本也令企业望而生畏。②是出于现有法制环境中技术知识产权保护的力度不够（技术知识保护力度均值略低），技术拥有者自我保护目的尽量避免较先进、关键性的技术转出，此种情况下，企业即便是引进、吸收了外部的中低端技术，也不能达到站在巨人的肩膀上摘取"皇冠"的目的。

第二十四章　对策和建议

本书是基于在"互联网＋"时代下，企业应用开放式创新模式时，面临技术创新开放度的两难困境出发所做的探索式的研究，期望找出技术创新开放度的影响因素后，以构建并实证检验技术创新开放度影响因素模型，并据实证结果显示的各影响因素的影响方向和影响程度来调整并把握适宜的技术创新开放度，对企业的实践管理做出指导。

一、基于企业家精神的对策及建议

企业家是企业实施开放创新的主导者和推动者，企业家精神是影响企业创新开放度的能动性因素。占领新市场获取新的利润增长点是企业家的原动力，率先采用开放创新的新模式走在创新的前列也是企业家固有的本能。因此，企业家精神也是推动企业开放创新，决定企业创新开放度的关键因素。作为企业创新活动的组织者，企业家主动创造和开启创新多样式情境，以便适时把内外部资源组合成新的更具生产力的形态，及时改进技术、调整产品及市场策略，在更广泛的范围内寻求和交换新知识和新技术，提升企业技术创新开放程度以提升企业的创新绩效。实证来看，合作性特质越突出的企业家，越趋向于与用户、大学和研究机构，甚至竞争对手合作获取新构思或技术，通过资源与能力的交换达到协同效应，企业创新开放程度越高；冒险性对创新开放度有较为显著的负向影响。冒险性特质高的企业家为了获取技术垄断带来的高额利润，往往愿意冒着不确定的研发风险，采取独自研发创新的行动，创新开放度低。因此，企业实施开放创新要充分考虑企业家精神对企业的主导程度，只有当企业家精神特质与企业的创新开放程度相匹配时才能为企业的开放创新带来较高的创新绩效。

二、创新外部环境的对策及建议

（一）企业外部环境中的技术知识保护力度因素对企业技术创新开放度有显著的影响，因而为提高企业创新开放程度并提高企业创新绩效，政府部门应完善知识产权法律法规，加强执法的力度，营造有利于技术合作创新的法制环境。政府应从法制层面切实保障技术交易双方的合法权益，促进社会的技术创新。中国的改革开放近四十年，技术创新能力已有了较大的提升，据世界知识产权组织、欧洲管理学院（INSEAD）以及康奈尔大学（美国）联合发布的"全球创新指数（GII）"排行榜，显示 2014 年中国排在葡萄牙等欧洲发达国家的前面，位居第 29 名。尽管中国的技术知识积累还不够丰富，但技术软能力较强，中国的部分创新企业已经脱颖而出，并在国际上获得技术竞争优势，如华为、中兴、海尔、中国高铁等。参照美国、德国等国的经验：在技术创新能力较弱时，国家的技术知识保护采取宽松策略以保护国内的产业成长，但当一些新技术产业表现出良好的发展势头后开始加强知识产权保护，以保护国内创新企业的利益促进国内企业的持续技术创新（包海波，盛世豪，2003）。另外，中国的技术知识保护力度的加强有益于国外先进技术的流入。目前中国虽然早已是关贸易总协定员国，也已制定了相关的措施，但整体而言技术知识保护力度还有待加强（实证数据显示均值较低），这将极大地损害部分国内创新企业的创新积极性，也使得国外的先进技术止步于国门之外。因此，从战略角度建全知识产权保护并加强执法，合理保护供需双方的权益，有利于先进技术流入中国，增加中国企业获取先进技术资源的可能性，促进中国企业在高技术起点上进行二次创新实现高创新绩效。即从宏观与政策制定方面考虑，中国政府相关机构应制定、完善及落实技术知识产权保护政策，为开放合作的技术交易保驾护航，真正促进国内外的先进技术的交流、转移及应用，为我国企业技术开放创新走上新的台阶创造有利条件。

（二）"互联网＋"战略下，互联网网络因素对企业技术创新开放度有显著的影响，互联网的发展为企业的开放创新提供了较好的环境氛围并为企业提供丰富的创新资源。企业家应更加重视利用互联网实施开放创新，充分利用互联网及时了解市场需求的变动情况，以较低成本获取大量的技术信息、技术创意等资源，并通过建立网络交互平台与参与者进行深度互动以达成新技术的形成，并实现技术的快速迭代保持持续竞争优势。林南提出社会网络资源的异质性越高，通过弱关系所获取的社会资源的概率就越高；拥有网络中的社会资源越多，行动结果的理想程度就越高。因此，"互联网＋"发展背景下，企业可提高开放度充分利用互联网弱链接关系带来的异质性知识资源达成创新目标。提出以下建议及对策：

1. 国家应构筑互联网网络的相关基础设施，加快骨干网高速化建设力度，优化网络结构及性能，并以此促进与中国中、西部地区的互联网合作和协调发展，特别是要解决欠发达的西部地区互联网"最后一公里"问题，促进更多企业便捷应用互联网实施技术的开放创新，提高创新效率及提升创新绩效。

2. 企业通过与网络参与者频繁交流能获取更多的新创意新设想实现创新绩效。互联网网络的参与者是创新者，企业应有意识地利用这一点将参与者转化成为企业技术迭代开发过程不可或缺的一份子。因此，企业应基于互联网构建强大的异质性创新网络，利用其网络结构洞中心的有利位置，吸引有兴趣的网络参与者，建立健全参与者的协商机制来促进有价值的创新思想的涌现（Emergence），及时获取参与者的体验感知和反馈信息，在与参与者的高频度互动中实现对技术或产品的快速迭代及优化。

3. 网络虚拟性下的法制低约束性，使网络交易者的行为缺乏相应管制，网络资源交易存在如技术虚假、交易违约等风险，使得企业通过互联网获取技术信息及资源更加谨慎。但实证显示网络交易风险值的均值为 2.75，说明企业对网络风险意识并不强，建议企业及时建立网络交易信用评估体系或通过信誉度较高的第三方交易平台以控制虚拟交易风险。建议国家完善网络法规加强网络监管，规范网络行为，以"鼓励创新＋规范管理"的方式实现管理网络交易市场及防范风险。

三、基于企业研发技术特性的对策及建议

企业实施技术创新目的是获取新创意研发新技术开发新产品获得可持续的竞争力。企业必须了解创新技术所处的生命周期、技术的可模块化及可显性程度，并据此来判断企业适宜采取的开放广度及开放深度。通常情况下，企业研发的技术处于其生命的初期（技术的萌芽期）时具有研发的高度不确定，应该采取低的开放广度及高的开放深度；反之，应当实施高的开放广度及低的开放深度；当企业研发技术与其他技术具有较强关联性特征时，企业最好能加强与外部组织的合作与协同，共同开发新技术，从而实现"1+1>

2"的协同效应共享技术开发成果并节约开发时间提高技术创新的效率及效益；当企业研发的技术具有可模块化程度较高时，宜采用较高的开放广度及高的开放深度，尽可能地借助外部组织的力量实现新技术的创新，从而节约时间快速占领市场；当企业研发的技术处于可显性程度较低即缄默性程度较高时，宜采用低的开放广度，依靠企业自身的能力实施创新，减少向外部搜索及寻求合作时的交易成本，以及避免企业注意力资源的浪费。

四、基于企业创新能力的对策及建议

持续提升企业的创新能力是企业保持竞争优势的重要途径。企业在"互联网＋"时代下要充分利用互联网的力量，在获取和利用外部知识创新时，不断提升企业的研发能力达到与利用互联网创新资源相匹配的创新能力，这些能力将会影响企业的开放度，并最终影响企业的创新绩效。

企业对技术创新开放度的把控可以从技术创新软、硬能力两方面的调节来实现。当企业处于初创期，企业的技术创新软能力及硬能力都较弱时，企业可以采用较高的创新开放度，购买或获得授权方式，以实现技术的引进。随着企业的技术发展，研发人员素质得到提高，研发设备功能加强、技术知识的积累增加等硬能力得到改善，企业的创新开放度逐步下降，但是企业的技术协同创新能力得到提升，企业通过加强与外界的交流沟通、连接和协作，有能力利用协同联盟内公共的外部技术知识，快速地吸纳、整合，大幅度地提升自身的技术，使企业能够在一个较好的开放度上与外界进行协同创新。当企业的研发人员及设备投入、技术知识积累等硬能力达到较高水平时，为防止开放度下降、减少对新的异质性资源的吸收，企业可以在只保留核心研发设备的基础上减少固定投入，在优化研发人员结构的基础上缩减人员投入，使企业的技术创新硬能力下降，从而达到企业既能保持较强的自主研发能力，又能保持较高的开放程度，以维持与外界的协同创新，扩大企业技术创新的技术资源基础，通过与外部的交流继续吸收异质性创新资源，在获得外界新创意或感知外界新技术机会后，有能力进行自主研发获得高绩效。

企业要合理配置内部资源，发展技术协同能力获取外部技术资源。当企业的创新资源不够丰富时，企业可以通过技术购买、技术授权等方式获取外部技术资源，需要广泛接触外部组织及与其合作，适宜高的开放广度及高的开放深度；企业具备丰富创新资源时企业仍可以通过开放广度获得外部资源，但不愿与外部组织广泛深入合作，因此宜采取低的开放深度。同时，企业应该在强化组织创新的能力，合理配置创新资源的基础上，加强技术协同能力，才能广泛与外部组织交流沟通，并在技术购买、获得技术授权及技术合作中充分吸收技术，并将之与自身的技术融合，实现技术的二次创新或新的技术突破。

第二十五章　研究局限及展望

第一节　研究局限

开放式创新模式提出以来，因其顺应如今开放型的经济背景，以及技术创新日益显现出的复杂化和跨学科化环境，受到理论界和实业界的大量关注，本书对该理论中的核心命题技术创新开放度的影响因素进行了理论推导和实证分析，得出了相关结论，但由于研究者自身能力和水平等各方面的限制，本书尚有不少局限，主要有以下几个方面。

一、研究内容的不足。本书在对开放度的影响因素分析中，深感影响企业技术创新开放度的因素有很多，可能存在有些重要的因素遗漏的情况。同时，对本书讨论影响因素的部分维度：如互联网技术资源易得性、互联网技术交易风险性、技术可显性及企业的组织创新能力仅从逻辑上排除了它们和开放深度的关系，未能进一步深化。

二、样本数据不足之处。为了保证问卷有效回收率和样本容量，本书主要通过老师、朋友、同学、前同事、亲戚等将调查问卷向在企业工作的人员发出，回收的样本在地区、行业等方面比较集中，本书虽然回收到 203 份有效问卷，从数量上达到了实证分析的要求，但是随机性和样本量显然还不够。特别是应用结构方程的统计方法，要求数据需要达到更高量来保证统计结果的准确性。未来如果能够有条件在更大范围，进行更大规模的抽样调查会有利于消除误差，有助于获得更加准确的数据。

三、研究设计上存在的不足。由于本书是一个探索性的研究，因此有些影响因素的维度设计并不是非常科学，同时，本书的量表大多利用已有文献的量表以保证其可信度，但对部分不适用或没有现成量表的则在文献研究的基础上做了进一步的设计和改善，以探索出更加适合我国实际情况的量表。

限于本人的能力及客观条件，本书所形成的量表可能还存在着瑕疵。

第二节　研究展望

由于研究者自身水平所限，以及该问题属于探索性研究，因此本书还有许多尚未解决的问题。同时，也受到样本数据可获得性的限制，原有的一些研究设想并未完成，希望能在今后的研究中逐步完善。

一、完善研究内容。技术创新开放度的影响因素是一个多维度的复杂结构，本书受研究者能力限制，没有将更多的因素纳入分析模型，比如企业创新文化、商业模式及激励机制等因素，而这些因素可能影响本书的实证分析结果。因此，后续研究中应加入可能的影响变量，以进一步验证这些因素对本模型的影响。此外，未来可对本书的部分变量如互联网技术交易风险、企业组织创新能力与创新开放深度间的关系进行深入的研究。

二、提高样本的质量和数量。选取更科学的抽样方法，扩大样本的采集范围，增加样本数量。本书采取"随机抽样"和"方便抽样"两种方式相结合的方法，通过多种渠道，对不同行业对象进行问卷发放与回收工作，获得的有效问卷能满足数据统计和分析所需要的样本量，但是，由于实证研究方法调查的困难，经费和时间的约束，问卷样本的数量和代表性有限，抽样仍然有误差。未来研究中可以扩大样本采集范围，按照随机抽样的原则，增加样本数量，从而使样本更加具有代表性和普遍性。

三、增加纵向比较研究。本书是一个基于截面数据的过程研究，缺乏纵向间的动态比较。未来将在纵向比较研究上给予更多关注，此外还可以考虑补充案例分析，有针对性的深入某具体行业的代表性企业，对影响其技术创新开放度的因素进行深度分析，以进一步增强结论的针对性与对实践的指导意义。

四、值得注意的是，开放式创新模式关注的焦点是"利用"式的创新。处于短期生存选择环境下的企业，需要有效地利用已有的资源或能力，但从长期看，既要有效利用内外资源，更需要发展出"探索"性创新的新能力，以创造将来的选择环境。将"利用"和"探索"结合起来实施"双元创新"是未来研究的一个方向，也是企业创新的必经之路，如何结合这两者也将是企业管理面对的主要挑战。

综上，企业技术创新开放度影响因素的研究还属于探索阶段，对其度量和定量研究还待进一步验证和完善。本书希望能对我国开放创新理论和企业实务中关于企业技术创新开放度问题的研究提供一定的参考，在后续的研究方向上，笔者愿意和致力于相关领域研究的学者一起做进一步的讨论和探索。

参考文献

[1] Abernathy, W. J. , & Utterback, J. M. (1978). Patterns of industrial innovation. Journal Title: Technology review. Ariel, 64 (254. 228).

[2] Acha, V. , Gann, D. M. , & Salter, A. J. (2005). Episodic innovation: R&D strategies for project-based environments. Industry & Innovation, 12 (2), 255—281.

[3] Agrawal, A. K. (2001). University-to-industry knowledge transfer: literature review and unanswered questions. International Journal of Management Reviews, 3 (4), 285—302.

[4] Almeida, P. , & Kogut, B. (1999). Localization of knowledge and the mobility of engineers in regional networks. Management Science, 45 (7), 905—917.

[5] Almirall, E. , & Casadesus-Masanell, R. (2010). Open versus closed innovation: A model of discovery and divergence. Academy of Management Review, 35 (1), 27—47.

[6] Anderson, J. C. , & Gerbing, D. W. (1992). Assumptions and comparative strengths of the two-step approach comment on Fornell and Yi. Sociological Methods & Research, 20 (3), 321—333.

[7] Antonelli, C. (1993). The dynamics of technological interrelatedness: the case of information and communication technologies. Technology and the wealth of nations, 194—207.

[8] Baldwin, C. Y. , & Clark, K. B. (2003). Managing in an age of modularity: Blackwell: Malden, MA.

[9] Barney, J. (1991). Firm resources and sustained competitive advantage. Journal of management, 17 (1), 99—120.

[10] 马琳，吴金希．(2011)．全球创新网络相关理论回顾及研究前瞻．自然辩证法研究（01），109－114.

[11] 马昀．(2001)．资源基础理论的回顾与思考．经济管理（12），23－27.

[12] 彭新敏．(2011)．企业网络与利用性－探索性学习的关系研究：基于创新视角．科研管理（03），15－22.

[13] 彭正龙，王海花，蒋旭灿．(2011)．开放式创新模式下资源共享对创新绩效的影响：知识转移的中介效应［J］．科学与科学技术管理，32（1）：48－53.

[14] 邱皓政，林碧芳．(2009)．结构方程模型的原理与应用．北京：中国轻工业出版社.

[15] 青木昌彦，安藤晴彦．(2003a)．模块化的成本与价值．上海：上海远东出版社.

[16] 青木昌彦，安藤晴彦．(2003b)．产业结构的模块化理论．上海：上海远东出版社.

[17] 钱锡红，杨永福，徐万里．(2010)．企业网络位置，吸收能力与创新绩效——一个交互效应模型．管理世界（5），118－129.

[18] 齐延信，吴祈宗．(2006)．突破性技术创新网络组织及组织能力研究．中国软科学（07），147－150.

[19] 任宗强．(2012)．基于创新网络协同提升企业创新能力的机制与规律研究．博士学位论文，浙江大学.

[20] 宋保林，李兆友．(2011)．论技术知识的生成与获取——基于企业技术创新的视角．长沙理工大学学报（社会科学版），26（1），89－93.

[21] 斯蒂格勒．(1999)．斯蒂格勒论文精粹．北京：商务印书馆，58 — 80

[22] 施海燕．(2012)．制药企业技术协同能力培养．经营与管理（10），121－124.

[23] 盛国荣．(2007)．技术与社会之间关系的 SST 解读——兼评"技术的社会形成"理论．科学管理研究（05），39－42，58.

[24] 疏礼兵．(2007)．技术创新视角下企业研发团队内部知识转移影响因素的实证分析．科学学与科学技术管理（07），108－114.

[25] 唐方成，仝允桓．(2007)．经济全球化背景下的开放式创新与企业的知识产权保护．中国软科学（06），58－62.

[26] 涂国强．(2012)．美国专利制度发展对我国专利制度国际化的启示．

科技创新与生产力（7），17－21.

[27] 汤建影．（2012）．技术特征对企业技术获取方式的影响——基于中小民营企业的实证研究．科研管理，33（9），40－46.

[28] 田莉，薛红志．（2009）．新技术企业创业机会来源：基于技术属性与产业技术环境匹配的视角．科学学与科学技术管理，3，61－68.

[29] 汪丁丁，罗卫东，叶航，人类合作秩序的起源与演化 [J]．社会科学战线，2005（4）：p.39－47.

[30] 吴波．（2011）．开放式创新范式下企业技术创新资源投入研究——基于我国装备制造业企业．硕士学位论文，浙江大学．

[31] 吴贵生．（2000）．技术创新管理．北京：清华大学出版社．

[32] 吴永忠．（2002）．论技术创新的不确定性．自然辩证法研究，6，37－39.

[33] 吴明隆．（2010）．结构方程模型：AMOS 的操作与应用：重庆大学出版社．

[34] 吴素文，成思危，孙东川，沈小平．（2003）．基于知识特性的组织学习研究．科学学与科学技术管理，5，95－99.

[35] 吴婷，李德勇，吴绍波，陈谦明．（2010）．基于开放式创新的产学研联盟知识共享研究．情报杂志（03），99－102.

[36] 吴晓波，高忠仕，魏仕杰．（2007）．隐性知识显性化与技术创新绩效实证研究．科学学研究（06），1233－1238.

[37] 吴欣望，陶世隆，刘京军．（2006）．强化专利保护影响技术创新的实证分析．经济评论（05），53－58.

[38] 王重鸣．（1990）．心理研究方法．北京：人民教育出版社．

[39] 王夏洁，刘红丽．（2007）．基于社会网络理论的知识链分析．情报杂志（02），18－21.

[40] 王圆圆，刘国新，李霞．（2010）．开放式创新研究述评 [A]．第五届（2010）中国管理学年会——技术与创新管理分会场论文集．

[41] 欣德尔．（2004）．管理思想．北京：中信出版社．

[42] 许冠南，周源，刘雪锋．（2011）．关系嵌入性对技术创新绩效作用机制案例研究．科学学研究（11），1728－1735.

[43] 谢荷锋．（2007）．企业员工知识分享中的信任问题实证研究．博士学位论文，浙江大学．

[44] 辛理．(2006)．模块化：企业合作创新理论的发展．企业改革与管理 (11)，24—25．

[45] 谢舜，肖冬平．(2004)．论社会资本对技术创新的作用与影响．广西大学学报（哲学社会科学版）(03)，22—26．

[46] 徐耀宗．(2001)．我国企业知识管理的研究与考察（上）．郑州轻工业学院学报（社会科学版），2 (3)，

[47] 闫春．(2012)．技术创新开放度与开放式创新绩效的机理研究．博士学位论文，浙江大学．

[48] 于成永，施建军．(2006)．研发模式选择及其对创新绩效的影响——一个研究综述．经济管理 (19)，6—11．

[49] 游达明，孙洁．(2008)．企业开放式集成创新能力的评价方法．统计与决策 (22)，179—181．

[50] 杨静武．(2007)．开放式创新模式下的技术创新能力研究．财经理论与实践，2，98—102．

[51] 袁健红，李慧华．(2009)．开放式创新对企业创新新颖程度的影响．科学学研究 (12)，1892—1899．

[52] 杨东，李垣，公司企业家精神、战略联盟对创新的影响研究 [J]．科学学研究，2008 (05)：p. 1114—1118．

[53] 杨丽．(2008)．模块化、开放式创新与技术多层演进——基于美国计算机产业的技术演进分析．山东社会科学 (03)，85—88．

[54] 杨学儒，李新春，梁强，李胜文．(2011)．平衡开发式创新和探索式创新一定有利于提升企业绩效吗？．管理工程学报，25 (4)：17—25．

[55] 姚伟峰．(2013)．企业协同创新理论研究综述．知识经济 (18)，126．

[56] 姚艳虹，夏敦．(2013)．协同创新动因——协同剩余：形成机理与促进策略．科技进步与对策 (20)，1—5．

[57] 赵夫增，丁雪伟．(2009)．基于互联网平台的大众协作创新研究．中国软科学 (05)，63—72．

[58] 朱亚丽，徐青，吴旭辉．(2011)．网络密度对企业间知识转移效果的影响——以转移双方企业转移意愿为中介变量的实证研究．科学学研究 (03)，427—431．

[59] 张瑞敏．(2013)．张瑞敏：颠覆式创新再造海尔．经理人 (10)，78—81．

[60] 斋藤优，王月辉．(1996)．技术开发论．北京：科学技术文献出版社．

[61] 斋藤优，郝跃英．(1983)．技术的生命周期．外国经济参考资料 (04)，29.

[62] 邹昊，段晓强，杨锡怀，孙琦．(2006)．技术关联：一个概念性的研究综述．管理世界，2，023.

[63] 张震宇，陈劲．(2008)．基于开放式创新模式的企业创新资源构成、特征及其管理．科学学与科学技术管理 (11)，61－65.

[64] 郑慕强，徐宗玲，姚洪心 (2012)．横向、纵向溢出与中小企业自主创新—硬能力和软能力的作用．财经论丛，165 (3)，111－116.